数字经济

新时代商业变革与场景赋能

静海飞鱼　著

中国铁道出版社有限公司
CHINA RAILWAY PUBLISHING HOUSE CO., LTD.
北　京

图书在版编目（CIP）数据

数字经济：新时代商业变革与场景赋能 / 静海飞鱼

著. -- 北京：中国铁道出版社有限公司, 2025. 6.

ISBN 978-7-113-31921-2

Ⅰ. F492

中国国家版本馆CIP数据核字第20255KC801号

书　　名：**数字经济——新时代商业变革与场景赋能**
SHUZI JINGJI:XINSHIDAI SHANGYE BIANGE YU CHANGJING FUNENG

作　　者：静海飞鱼

责任编辑：冯彩茹　　　　　　　　编辑部电话：（010）51873005

封面设计：郭瑾萱

责任校对：刘　畅

责任印制：赵星辰

出版发行：中国铁道出版社有限公司（100054，北京市西城区右安门西街8号）

网　　址：https://www.tdpress.com

印　　刷：河北燕山印务有限公司

版　　次：2025 年 6 月第 1 版　2025 年 6 月第 1 次印刷

开　　本：710 mm×1 000 mm　1/16　印张：12　字数：154千

书　　号：ISBN 978-7-113-31921-2

定　　价：68.00元

前　　言

随着数字技术的迭代和经济的深化发展，数字经济成为驱动经济发展的核心引擎。在持续发展中，数字经济引领着全球经济体系的变革与重塑。

作为全新的经济形态，数字经济以数据为核心生产要素，以现代信息网络为载体，通过各种先进技术的集成应用，推动经济结构优化与数实融合，进而推动经济社会的数字化转型。数字经济不仅体现了对传统经济的数字化升级，也催生了新业态与新模式，为经济增长注入了新动能。

数据的不断丰富，大数据、云计算、人工智能等技术的不断突破，为各行各业带来颠覆性的变革。从智能制造到智慧金融，从数智物流到数字贸易，数字经济的触角已经延伸到各个领域，提升了各行业的生产效率，带来了多元化的智慧服务。

数字经济的蓬勃发展改变了企业发展的大环境，对企业的战略转型有着重要影响。在这种背景下，借助新兴技术变革发展模式，积极参与到数字经济的发展浪潮中，成为越来越多企业的选择。

企业应怎样布局数字经济，抓住数字经济带来的发展机遇？首先，企业需要对数字经济有一个全面的了解，了解数字经济的发展态势、带来的变革等。其次，在经济转型的大趋势下，企业需要跟随时代步伐，积极推进自身的数字化转型。最后，聚焦所在行业，企业需要分析数字经济对行业的影响，以及数字经济的发展会带来哪些行业机会，进而把握先机，抢先布局。

本书聚焦企业在数字经济时代的发展需求，不仅对数字经济的发展态势进行了详细讲解，还讲解了企业数字化转型的方法，便于企业抓住转型重点，积极推进转型。同时，本书对数字经济发展所带来的产业创新进行了梳理，帮助企业挖掘行业机会，探索新商机。

此外，在讲解数字经济、企业数字化转型相关理论与方法的同时，本书还融入了海尔、百度、拼多多等诸多企业案例，在丰富内容的同时使得本书更具指导性。

通过阅读本书，读者能够对数字经济、企业数字化转型有一个全面、系统的了解，并掌握应对数字经济、推进企业持续发展的方法。在数字经济潮流下，抓住发展趋势与机遇的企业才能腾飞，实现可持续发展。

作　者

2025 年 2 月

目　　录

上　篇　数字经济激活高质量发展引擎 / 1

第1章　基础概述：深化数字经济理论认知 / 2

1.1　解析数字经济本质 / 2

1.1.1　概念拆解：什么是数字经济 / 2

1.1.2　主要特征：平台化＋数据化＋普惠化 / 4

1.1.3　发展基石：数字基础设施为数字经济奠基 / 5

1.2　多维观：数字经济的三个视角 / 7

1.2.1　宏观分析：数字经济驱动经济增长 / 7

1.2.2　中观环境：数字经济产业触角持续延伸 / 8

1.2.3　微观影响：数字化转型成为企业战略 / 10

1.3　发展趋势：呈现多元化发展态势 / 11

1.3.1　数字产业集群爆发 / 12

1.3.2　数实融合进入发展新蓝海 / 14

1.3.3　绿色低碳发展成为趋势 / 14

第2章　技术驱动：数字技术引领经济创新发展 / 17

2.1　通信技术：打造数字经济通信底座 / 17

2.1.1　5G 应用，激发数字经济活力 / 17

2.1.2　从 5G 到 5G-A，为数字经济注入新动能 / 19

2.1.3　中国移动：借 6G 打造经济增长点 / 20

2.2　物联网：智能连接为经济提质增效 / 22

2.2.1　物联网驱动企业数字化转型 / 22

2.2.2　物联网促进数字经济发展 / 24

2.3　云计算：提供强大计算服务 / 25

2.3.1　云计算优势明显，助力数字化 / 25

2.3.2　云网融合纵深发展，打造新生态 / 26

2.4　大数据：激活数据潜能 / 28

2.4.1　大数据赋能企业，带来新机会 / 28

2.4.2　释放数据价值，引领经济高质量发展 / 29

2.5　人工智能：驱动数字经济破浪前行 / 30

2.5.1　人工智能成为新质生产力 / 31

2.5.2　AIGC 为数字经济提供创新支持 / 32

第 3 章　框架重构：核心要素数字化 / 36

3.1　劳动者：以数字化劳动创造成果 / 36

3.1.1　数字职业多元化发展 / 36

3.1.2　学习数字技能，提升数字素养 / 37

3.1.3　数字劳动者成为新风尚 / 39

3.2　生产力：数字经济催生新质生产力 / 41

3.2.1　数字经济下，生产力构成要素变迁 / 41

3.2.2　算力成为核心生产力 / 42

3.2.3　华为云：打造算力高地，助力数字经济 / 43

3.3　生产关系：数字经济下的变革与重构 / 44

3.3.1　生产关系迭代，数字化演变 / 45

3.3.2　三大举措，重构生产关系 / 46

中　篇　数字经济浪潮下企业数字化转型指南 / 47

第4章　战略升级：明确数字化转型指导方针 / 48

4.1　深化认知：明确企业现状与战略目标 / 48

4.1.1　企业现状：以模型自测数字化成熟度 / 48

4.1.2　战略规划：从明确愿景到计划实施 / 51

4.1.3　误区规避：避免陷入转型陷阱 / 52

4.2　价值创新：打造数字化的商业模式 / 54

4.2.1　六大因素推动商业模式创新 / 54

4.2.2　商业模式转型路径 / 56

4.2.3　联合利华：双管齐下推进转型 / 58

4.3　数据赋能：以数据推进转型 / 58

4.3.1　以数据分析实现科学决策 / 59

4.3.2　以数据驱动商业模式创新 / 59

4.3.3　招商银行：以数据驱动发展 / 61

第5章　组织优化：数字化组织激发组织活力 / 62

5.1　两大路径，打造数字化组织 / 62

5.1.1　打造敏捷型组织，提升灵活性 / 62

5.1.2 打造生态型组织，提升开放性 / 64

5.2 三大方法，推进数字化组织建设 / 65

5.2.1 做好数字化组织规划 / 66

5.2.2 引入 OKR，提升组织效率 / 67

5.2.3 推动企业文化转型 / 69

5.2.4 拼多多：组织架构迎来更新 / 70

5.3 拓展组织边界，协同合作促增长 / 71

5.3.1 组织进化，构建协同共生组织 / 72

5.3.2 外部拓展，连接企业上下游 / 73

5.3.3 海尔：以开放合作实现生态共创 / 74

第6章 人才培育：搭建数字化人才体系 / 76

6.1 聚焦基层：培养员工数字素养 / 76

6.1.1 帮助员工建立数字化思维 / 76

6.1.2 以培训提高员工数字技能 / 78

6.1.3 优化管理，提高员工积极性 / 80

6.2 聚焦管理层：管理能力提升 / 81

6.2.1 洞察力：敏锐察觉数字化新趋势 / 82

6.2.2 领导力：强化数字领导力 / 83

6.2.3 亲和力：学会建议与倾听 / 84

6.3 体系建设：强化数字化人才管理 / 85

6.3.1 做好储备：建立数字化人才库 / 86

6.3.2 加强管理：做好数字化人才的"选用育留" / 86

6.3.3 百度：校企合作培养数字化人才 / 88

第 7 章　营销革新：数字化营销与体验优化 / 90

7.1　营销策略数字化重构 / 90

7.1.1　数字化风潮下的营销新思维 / 90

7.1.2　数字化营销矩阵搭建 / 91

7.1.3　制定数据驱动的营销策略 / 93

7.2　强化用户洞察，实现精准营销 / 94

7.2.1　完善用户画像，分析用户行为 / 94

7.2.2　借数字技术实现用户运营与营销 / 96

7.2.3　海尔：数字化精准营销 / 97

7.3　强化用户体验，实现体验优化 / 98

7.3.1　智能推荐系统实现个性化推荐 / 99

7.3.2　打造数字化营销场景，革新体验 / 99

7.3.3　虚拟技术实现沉浸式营销交互 / 100

下　篇　数字经济赋能产业创新发展 / 103

第 8 章　智能制造：重塑制造新优势 / 104

8.1　智能制造优势明显 / 104

8.1.1　三大变革，智能制造提质增效 / 104

8.1.2　敏捷开发，设计开发更加灵活 / 107

8.1.3　阿里巴巴：以完善的方案助力智能制造 / 108

8.2　多环节落地，实现流程优化 / 109

8.2.1　设计：确定目标用户需求，设计更聚焦 / 109

8.2.2　生产：柔性生产提升竞争力 / 111

8.2.3 质检：智能质检系统融入生产 / 112

8.3 智能制造新动向 / 114

8.3.1 云系统融入制造，实现自动化生产 / 114

8.3.2 工业互联网驱动制造，赋能生产 / 115

8.3.3 数字化工厂：智能制造新景象 / 117

8.3.4 小米汽车工厂：制造背后的绿色智能 / 118

第 9 章 数智物流：带来物流效率革命 / 120

9.1 新时代下的物流升级 / 120

9.1.1 物流体系升级，运作自动化 / 120

9.1.2 物流管理升级，效率大幅提升 / 122

9.1.3 物流服务升级，优化用户体验 / 123

9.2 数智物流的支撑技术 / 124

9.2.1 物联网：助力物流运输管理 / 125

9.2.2 大数据：物流数据深度挖掘 / 126

9.2.3 云计算：助推物流数智化发展 / 127

9.2.4 人工智能：提升物流智能性 / 128

9.3 "仓运配"多环节数智化发展 / 130

9.3.1 仓储：智能仓储系统上线 / 130

9.3.2 运输：智能运输平台实现高效管理 / 131

9.3.3 配送：机器人实现高效配送 / 132

9.3.4 顺丰：打造完善的物流体系 / 133

第 10 章　数字贸易：打造互联互通贸易新生态 / 135

10.1　数字引擎打开贸易发展新空间 / 135

10.1.1　数字技术为数字贸易注入新动能 / 135

10.1.2　数字平台加速数字贸易发展 / 137

10.2　数字贸易新趋势 / 138

10.2.1　数字贸易智能化，提升购物体验 / 139

10.2.2　贸易营销精准化，提升转化 / 140

10.2.3　数字贸易绿色可持续发展 / 141

10.2.4　亚马逊：多方面的数字贸易探索 / 143

10.3　跨境电商助推国际贸易发展 / 144

10.3.1　跨境电商成为国际贸易增长引擎 / 144

10.3.2　抓住时代趋势，深化企业发展 / 145

10.3.3　京东国际：多维度助力跨境电商 / 147

第 11 章　智慧金融：激发金融领域无限可能 / 149

11.1　智慧金融引领产业发展 / 149

11.1.1　金融科技驱动金融创新发展 / 149

11.1.2　普惠金融实现高质量发展 / 150

11.2　智慧金融激发新业态 / 152

11.2.1　支付、结算数字化 / 152

11.2.2　数字银行提供便捷化服务 / 153

11.2.3　微众银行：数字银行的先行探索者 / 153

11.3　金融服务智慧化 / 155

11.3.1　智能信贷：技术驱动的信贷系统 / 155

11.3.2 智能投顾：为客户提供个性化服务 / 156

11.3.3 智能金融客服：贴心的客户金融助手 / 157

11.3.4 飞鱼社区：聚焦区块链重塑金融服务 / 158

11.4 金融投资：数字经济时代的投资策略 / 160

11.4.1 掌握完善的投资系统方法论 / 160

11.4.2 ETF 投资策略解析 / 162

11.4.3 香港助力金融投资与金融服务 / 164

第 12 章 智慧医疗：催生医疗领域新景象 / 166

12.1 智慧医疗带来的变革 / 166

12.1.1 智能化医疗设备融入医疗 / 166

12.1.2 医疗机构实现智能化管理 / 167

12.1.3 医疗服务优化，改善就医体验 / 169

12.2 医疗领域智慧化发展 / 170

12.2.1 创新医疗模式，互联网医疗平台兴起 / 171

12.2.2 医疗科技创新，助力精准医疗 / 171

12.3 生态圈共建，医疗领域合作加深 / 173

12.3.1 医疗数据互联，实现跨医院数据共享 / 173

12.3.2 医疗开放平台构建智慧医疗生态 / 174

12.3.3 华为 × 医渡科技：企业联合助力智慧医疗 / 176

后 记 / 178

上　篇

数字经济激活高质量发展引擎

第1章

基础概述：深化数字经济理论认知

当前，数字经济已经成为驱动经济发展的重要力量。数字经济的崛起不仅引发了传统产业商业模式、生产方式的变革，也深刻影响了经济社会的发展。在这一趋势下，企业需要了解数字经济的理论，深化对数字经济的认知，进而做出科学的调整，以迎接数字经济带来的发展机遇和挑战。

1.1 解析数字经济本质

深化数字经济的理论认知能够帮助企业理解数字经济的本质，了解数字经济的概念、特征等。在此基础上，企业能够更好地顺应数字经济这一时代机遇，加快转型升级步伐。

1.1.1 概念拆解：什么是数字经济

关于数字经济的概念，许多机构和组织都进行了概括。其中，G20 杭州峰会通过的《二十国集团数字经济发展与合作倡议》中也对数字经济进行了定义："数字经济是指以使用数字化的知识和信息作为关键生产要素、以现代信息网络作为重要载体、以信息通信技术的有效使用作为效率提升和经济结构优化的重要推动力的一系列经济活动。"

从范围来看，国家统计局发布的《数字经济及其核心产业统计分类（2021）》确定了数字经济产业范围，包括数字产品制造业、数字产品服务业、数字技术应用业、数字要素驱动业、数字化效率提升业五大类。

其中，前四类是数字经济的核心产业，包括依赖数字技术、数据要素开展的各种经济活动。最后一类数字化效率提升业指的是基于数字技术、数据资源等，帮助传统产业实现效率提升，促进数字技术与实体经济的融合。

数字经济"四化"框架，如图 1.1 所示，深入拆解了数字经济的内涵，是数字经济蓬勃发展的基础。

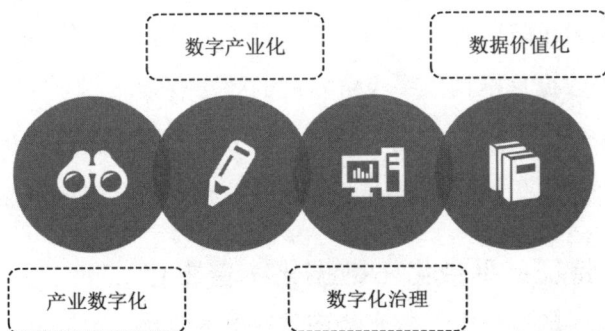

图 1.1　数字经济"四化"框架

1. 产业数字化

产业数字化指的是借助数字技术对传统产业进行全链条、全方位的改造，使数字技术与实体经济各行业融合发展，实现各产业升级，进而增加产出并提高效率，包括智能制造、平台经济等新模式与新业态。

2. 数字产业化

数字产业化是指为产业数字化提供技术、基础设施与解决方案，包括基于数字技术和数据要素进行的各种活动。在数字产业化进程中，数字化的信息能够转化为生产要素，在企业管理、商业模式升级中发挥作用，促进创新，催生新业态、新产业，形成数字产业链。

3. 数字化治理

数字化治理包含结合数字技术的各种治理新模式，覆盖城市治理、公共服务等多个方面。随着数字化治理逐步推进，数字经济治理体系不断完善，新型智慧城市建设稳步推进。数字化治理能够对数字化转型过程中的风险进行管控，对组织形态、运营管理模式等进行调整，防范数字化转型风险。

4. 数据价值化

数据价值化包含数据采集、数据确权、数据标注、数据交易、数据保护等内容，致力于统筹整合数据资源，打造数据资产，实现数据价值最大化。价值化的数据是推动数字经济发展的核心要素。

随着数字经济实现"四化"发展，数字技术应用将进一步蔓延，推动更多产业实现数字化转型，将有更多领域被纳入数字经济范畴。

1.1.2　主要特征：平台化 + 数据化 + 普惠化

在蓬勃发展的过程中，数字经济呈现出平台化、数据化、普惠化三个主要特征。

1. 平台化

基于"云网端"基础设施的搭建，互联网平台持续发展，创造了新的商业环境。信息流的传递更加便捷，沟通成本大幅降低，大规模协作成为现实。以阿里巴巴旗下的淘宝平台为例，淘宝为交易双方提供了标准服务，而平台生态系统内的各种服务商则提供个性化的商业服务。当前，服务市场聚集着大量服务商，为淘宝商家提供丰富的服务，包括店铺装修、流量推广、商品管理等。在淘宝平台中，千万平台商家和数亿消费者形成了一个超大规模的协作体系，这是以往的企业所无法比拟的。

2. 数据化

数字经济具有高度数据化的特征。以往，企业借助信息技术（information technology，IT）实现数字化，数据流动的范围有限，数据应用场景局限在小生态圈中。而在数字经济时代，数据流动与共享的边界不断拓展，商业流程跨越企业边界，形成了全新的生态网络。在数据化趋势下，企业的业务将实现高速增长，进而推动商业生态系统的建立。

3. 普惠化

数字经济呈现出普惠化特征，推动了科技、金融、贸易等领域的普惠化。

在科技领域，按需服务业务形态使得企业能够以很低的成本获得需要的计算、网络等资源，大幅降低了技术门槛。例如，按需付费的云计算服务能够大幅降低企业的 IT 成本，并提升创新效率。

在金融领域，信用评分模型驱动了普惠金融的实现。大数据分析能够对不同个体进行精准的风险评估，进而为其匹配差异化的金融信贷服务。在信用评分模型的支撑下，可授信的客户数量大幅增加。

在贸易领域，数字经济打开了普惠金融发展的新局面，各类贸易主体都能够参与贸易活动，并从中获利。同时，贸易领域也呈现出流程更加透明、信息更加对称、覆盖范围不断扩大等特点。

1.1.3 发展基石：数字基础设施为数字经济奠基

数字基础设施指的是在信息技术的驱动下，支撑社会生产力数字化发展的基础设施。数字基础设施为数字经济的发展提供了坚实的基础。

从范围上来看，数字基础设施包括四类：一是网络基础设施，如5G/6G、卫星互联网等；二是信息服务基础设施，如云计算中心、工业互联网服务平台等；三是科技创新支撑类基础设施，以智能计算中心为代表；四是支撑社会治理、公共服务以及行业信息化应用的信息基础设施。

基于承载的各种应用服务，数字基础设施能够推动信息技术向各行各业渗透，使更多行业实现信息化、数字化转型。同时，数字基础设施为新技术、新应用、新业态的发展提供平台，为经济快速发展提供支撑。

具体而言，数字基础设施对数字经济的促进作用体现在四个方面。

首先，数字基础设施能够助力供需双方的互动，提高经济运行效率。当前，人们对产品及服务的需求不断提高，在线购物、在线教育、远程医疗等成为家庭消费中的重要内容，消费方式向数字化转变。千兆光网和5G共同构成的"双千兆"网络，能够为从消费者到生产者（customer to manufacturer，C2M）的智慧化服务等提供平台和服务保障。同时，企业能够更好地了解消费者需求，对生产、业务进行优化，实现"以销定产"。

其次，数字基础设施能够加快数字产业化、产业数字化发展步伐，激活经济发展新动能。5G、人工智能等技术的发展使得配套设施逐渐完善，算力得到进一步提升。这为企业的数字化发展提供了所需的软硬件，加速了数字技术在企业中落地。数字产业化进程加速为数字经济的发展提供了动力，同时，在产业数字化方面，大数据中心、云计算中心等加速传统企业上云，以及企业、行业数字化转型进程，促进数字经济与实体经济的融合。

再次，数字基础设施驱动产业链优化，激发产业链潜能。数据是驱动数字经济发展的关键要素，对数据的精准收集、规范管理和有效利用有助于及时追踪产业链动态，提高产业链的风险应对能力。当前，随着大数据中心在金融、通信、制造等领域的应用，各行业互联互通的数据共享机制逐渐形成，这有助于提高产业链协同发展能力。

最后，数字基础设施能够提高经济环境透明度，营造良好的营商环境。数据信息平台能够通过综合利用各种公共数据，在一定程度上解决市场信息不对称的问题，以促进商业协同，维护公平竞争环境。一方面，公开透明的数据中心能够优化市场信息流通机制，便于企业了解市场供求信息，制定合理的经营策略；另一方面，依托公开数据，市场监管部门能够分析企业行为和市场数据，及时制止和处理市场中的不良商业行为。

1.2 多维观：数字经济的三个视角

作为我国经济发展的重要趋势，数字经济推动了经济转型和升级。从宏观上看，数字经济有效驱动了经济的增长；从中观上看，数字经济的产业触角不断延伸；从微观上看，在数字经济蓬勃发展的背景下，企业数字化转型成为一大趋势。

1.2.1 宏观分析：数字经济驱动经济增长

数字经济是驱动经济增长的重要力量。从规模体量来看，根据 2024 全球数字经济大会发布的数据，2023 年我国数字经济核心产业增加值超

12万亿元，占 GDP 的比重约为 10%。由此可见，数字经济具有强大生命力。

数字经济不仅驱动了生产方式的变革，推动了资源配置优化，也催生了新的商业模式，打造了新的经济增长点。数字经济已经成为驱动经济增长的重要引擎。

首先，数字经济的关键生产要素——数据具有开放性、共享性等特征，以大数据中心、人工智能平台等为代表的基础设施能够挖掘数据价值，加速数据流通，优化资源配置，推动经济高速发展。

其次，数字经济孕育了大量新兴产业，如共享经济、云计算等。这些产业基于高度智能化、高效便捷等优势，成为推动经济增长的引擎。同时，数字经济也催生了大量新型企业，这些企业通过运用数字技术和技术创新，推出了多样化的产品与服务。

再次，数字经济为传统产业的高效发展提供了助力。在数字经济背景下，传统产业通过数字化转型实现了生产、营销等环节的优化，进而提升竞争力。同时，各种数字平台的构建打破了传统产业的地域限制，实现了更广范围内的资源配置。资源的高效配置拓展了市场空间，促进了地区间、产业间的交流合作，推动了经济的发展。

最后，数字经济具有规模收益递增特性。数据要素具有边际成本低、规模经济等特征，能够加快资源流转的速度，提高资源配置效率。在数据要素不断积累的过程中，其内涵更加丰富，能够实现规模收益递增，进而驱动数字经济发展。

1.2.2 中观环境：数字经济产业触角持续延伸

从数字经济产业的角度来看，数字经济产业链包括三大部分，如图 1.2 所示。

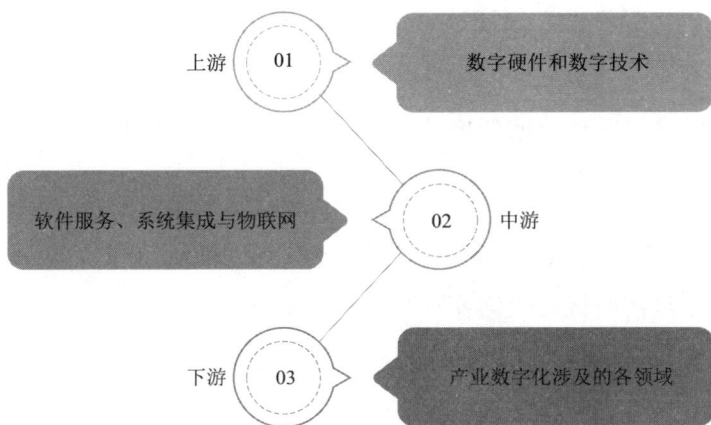

图 1.2 数字经济产业链

第一部分为上游的数字硬件和数字技术。其中，数字硬件包括能够实现数据采集、处理和显示的芯片、传感器等，以及路由器、通信基站等数据传输和通信设备。数字技术包括5G、人工智能、大数据、云计算等。数字硬件的性能、数字技术的先进程度等决定了数字经济产业发展的自主程度和高度。

第二部分为中游的软件服务、系统集成与物联网。其中，软件服务包括基础软件、应用软件、信息安全软件等。系统集成与物联网包括各种物联网设备、物联网平台、数据集成服务等。涉及的企业包括提供基础软件服务的中国电子、提供应用软件的腾讯、提供信息安全软件的奇安信、提供物联网平台的华为、提供系统集成服务的东软集团等。

第三部分为下游的产业数字化涉及的各领域，包括工业、农业、服务业等方面。在工业方面，工业互联网已经应用到制造、建筑等行业，驱动这些行业的数字化转型。在农业方面，随着数字技术的应用，畜牧养殖、农作物种植、水产养殖等方面的数字化水平不断提高。在服务业方面，零售、餐饮、教育、医疗等各类服务市场基于数字化转型实现了线上线下融合。

数字经济是推动各领域数字化转型的催化剂。它以数字技术为桥梁，通过数字技术与各领域的融合推动各领域的转型升级。从工业、农业再到服务业，数字经济产业的触角延伸至更多领域，为经济高质量发展插上腾飞的翅膀。

1.2.3　微观影响：数字化转型成为企业战略

在数字经济时代，数据要素的价值日益凸显，数字技术被广泛应用于各领域。在这样的背景下，数字化转型成为企业的重要战略。数字化转型不仅能够让企业抓住数字经济发展趋势下的各种机遇，还能够提升企业竞争力，促进企业实现可持续发展。

在这方面，伊利集团紧跟数字化趋势，启动数字化战略，积极探索数字化转型，并取得了不错的成果。伊利集团主要采取了以下举措：

1. 搭建数字化平台

伊利集团搭建了各种数字化平台，助力业务运营。例如，产品创新平台使伊利集团具备较强的端到端数字化创新能力；供应链平台强化了伊利集团供应链的品质及服务保障能力；全渠道平台助力渠道伙伴更好地服务消费者。

2. 数据资产和数据安全

基于庞大的业务体系，伊利集团积累了大量数据资产，并积极推进云上数据中台建设和数据服务体系搭建。同时，伊利集团十分重视数据安全，在业务运作和管理中严格遵守数据安全相关法规。例如，伊利集团启动了业务梳理与安全自查，在数据正常流通的前提下保护信息安全。同时，伊利集团积极开展各种安全培训，确保相关人员掌握数据保护政策和企业管理制度，以保护数据资产安全。

3. 技术探索

伊利集团积极推进数字化方面的技术研发。目前，其搭建了混合多云基础设施，以敏捷模式推进研发工作。私有化部署的 AI 中台提供了一体化研发、部署环境，能够在销量预测、智能调拨等场景中落地应用。在业务平台建设方面，伊利集团打通了与多家互联网平台系统的连接，以提升自身业务运营能力。

4. 消费者运营

伊利集团持续推进消费者运营数字化。具体而言，伊利集团在私域中不断迭代运营模式，自主研发了数十个小程序，并研发了相关配置管理工具。同时，不断升级消费者数字化运营平台中的功能模块，通过营销自动化、内容创意自动化、数字化会员管理等能力的升级，重塑消费者体验。

5. 渠道数字化

在渠道数字化方面，伊利集团搭建了覆盖线上线下的全渠道模式，不断延伸消费者服务半径。同时，伊利集团搭建了线上和线下融合（online-merge-offline，OMO）新零售奶站，以数字化系统和全新运营模式，实现了从伊利集团到经销商再到奶站的三级盈利模式。

在以上探索的基础上，伊利集团持续推进数字化转型，深化业务链条的数字化程度，推进数字化能力向全场景渗透，不断提升自身数字化水平。

1.3　发展趋势：呈现多元化发展态势

整体来看，数字经济呈现多元化发展的态势。一方面，数字产业集群的爆发和数实融合的深入发展，共同推动了数字经济的多元化发展；另一方面，绿色低碳理念在数字经济中的融入与践行，为数字经济实现可持续发展提供了方向。多元化发展的态势，为数字经济高速高质量发展注入了新的活力与动力。

1.3.1　数字产业集群爆发

随着数字经济的持续发展，数字经济领域出现了诸多企业、机构等组成的数字产业集群。各地围绕人工智能、大数据等核心技术，聚焦数字产业细分领域，推进集群化发展。

例如，合肥市智能语音集群是一个语音与人工智能领域的数字产业集群，聚集着科大讯飞、金山软件、四维图新等诸多高新技术企业。除了吸引高新技术企业聚集外，该集群联合中国科学院、合肥工业大学等科研院所及高校，积极推进关键技术重点实验室的搭建，强化集群的技术优势。

合肥市智能语音集群参与了多项国际标准的制定，在语音交互、智能家居等领域提出的多项标准填补了行业空白。同时，其语音识别、语音交互、数据治理等多项技术处于世界领先地位。

除了合肥市智能语音集群外，在数字安防、电子信息、视觉识别、核心算法等方面，也出现了一些具有国际竞争力的数字产业集群。这些数字产业集群持续发展，为数字经济的高质量发展提供了强有力的支撑。

从发展模式来看，我国数字产业集群可以分为四种模式，如图 1.3 所示。

1. 数据资源驱动模式

该模式的数字产业集群以数据要素驱动创新，充分发挥数据的价值，以数据流的流动带动技术流、人才流等的高效配置，提升产业链的生产效率，进而提升规模效益。该模式的数字产业集群以人工智能、大数据等数字产业为代表，如合肥市智能语音集群、北京海淀区人工智能产业集群等。

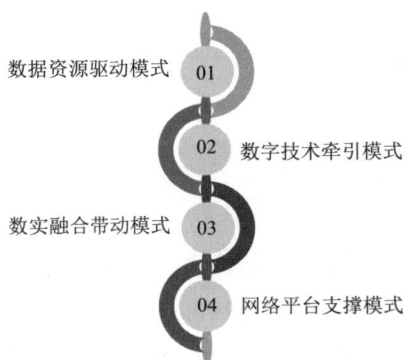

图 1.3 我国数字产业集群的模式

2. 数字技术牵引模式

该模式的数字产业集群将数字技术创新作为产业集群发展的重点，通过数字技术的研发、成果应用等，推进技术与产业的结合，以形成新业态。该模式的数字产业集群以信息通信、软件等信息产业为代表，如深圳市新一代信息通信集群、南京市软件和信息服务集群等。

3. 数实融合带动模式

该模式的数字产业集群通过人工智能、大数据等数字技术的应用，将产品研发、生产等环节与数字经济融合，推动传统产业的数字化转型，实现产业的提质增效和绿色发展。该模式的数字产业集群以智能制造、数字安防等产业为代表，如杭州市数字安防产业集群、深圳市智能制造产业集群等。

4. 网络平台支撑模式

该模式的数字产业集群以数字化平台为载体，推动集群企业、机构间的资源共享、要素协同，以推进产业供需调配与对接。例如，小米公司在全球建立完善的产品制造体系，涉及百余个供应链。

随着数字产业集群的爆发和持续发展，数字产业集群将在未来向着跨界融合、绿色可持续等方向发展，爆发出更强大的势能，为经济高质量发展提供支撑。

1.3.2　数实融合进入发展新蓝海

随着产业数字化的发展，数字经济与实体经济加速融合，并持续深化。从企业角度来看，数实融合实质上是一场深度的数字化转型，它借助先进的数字技术重塑企业的运营流程和业务模式。从产业角度来看，数实融合可以推进产业迭代，催生新业态。

在数字基础设施、政策环境不断完善以及数字技术驱动融合发展等因素的作用下，数实融合实现了持续且深入的发展。

在数字基础设施方面，规模大、覆盖广的移动通信网络和光纤网络，以及大数据中心、云计算中心等基础设施的规模化应用，为数实融合奠定了坚实的基础。在数字技术驱动融合发展方面，工业互联网平台、数字化研发工具等平台与工具逐渐普及，数字化车间与工厂逐渐兴起，同时，数字技术应用到企业管理、产品设计、智能制造、个性化定制等诸多方面，产业新业态、新模式不断涌现。在政策环境方面，网络安全、数据安全等方面的法律法规陆续出台，数字化转型、数据管理等方面的政策相继发布，为数实融合营造了良好的发展环境。

在这样的发展趋势下，数实融合逐渐覆盖更广泛的领域，而且在不同领域中实现了纵深发展。在这个过程中，数字技术展现了更大价值，从在行业数字化转型中起辅助作用，转变为驱动行业创新发展的引擎。未来，随着数字技术的持续发展和创新的数字化解决方案的出现，数实融合将迎来发展新阶段。

1.3.3　绿色低碳发展成为趋势

数字经济重塑了社会生产生活方式，是经济发展的关键驱动力，也是推进经济绿色低碳发展的重要抓手。数字经济和绿色低碳经济相互融合、相互促进，产业数字化的推进能够助力产业绿色低碳发展。

具体而言，产业数字化对绿色低碳发展的促进作用主要体现在以下几个方面：

（1）产业数字化对产业的绿色低碳转型起着积极作用。实体经济，尤其是其中的能源、电力、制造等重点碳排放领域的数字化转型，能够大幅降低碳排放，实现绿色低碳发展。例如，在制造产业链中，数字化转型能够优化生产流程，提高资源利用率，减少废弃物排放。

（2）产业链上下游的数字化连接和数据共享，有助于各方携手构建减排降碳的数字化路径以及产业间的循环经济实现路径。同时，生产协同、物流协同等的实现，也有助于产业减排降碳。

（3）能源生产、传输、使用过程的数字化，能够促进能源产业的优化，更好地实现节能、提升能源利用效率等。例如，智能电网的打造、借助物联网实现能源分布式管理等，能够促进能源的快速传输、智能化分配等。

（4）在消费市场，大数据、数字化平台的精准匹配能力，能够实现绿色低碳消费群体的精准识别，进而做到针对消费者绿色低碳产品需求的精准供给。同时，借助数字化平台，消费者的绿色低碳行为可转化为资产。这能够引导消费者积极践行绿色低碳消费行为。

面对绿色低碳发展这一趋势，企业在紧跟数字经济发展步伐的同时，也要探索绿色低碳发展，以实现可持续发展。一方面，在能源使用上，企业需要积极使用太阳能、风能等清洁能源，减少对煤炭、石油等化石能源的依赖；另一方面，企业需要通过技术改进、生产流程优化等提高能源利用率，以降低能耗、减少碳排放。此外，企业还可以积极推进绿色低碳技术研发与应用，推进技术创新与业务生态的融合。

在绿色低碳发展方面，海尔做出了良好示范。海尔坚持绿色低碳发展战略，以科技创新引领绿色高质量发展。

海尔的绿色低碳发展探索体现在诸多方面。例如，海尔空调搭载海尔自主研发的可变分流技术，解决了传统空调冷热最佳效果难以兼顾的问题。可变分流技术能够优化空调换热器设计，使制冷制热流路方式柔性可变，高温天气下的制冷量和低温天气下的制热量都实现了提升。同时，这一技术大幅减少了空调的耗电量，实现了节能减排。再如，基于海尔自主研发的 FD-PLUS 变频技术，海尔冰箱的噪声大幅降低，冰箱的制冷速度加快，实现了高效节能。

在研发端，海尔空调实验室获得"绿色低碳实验室"认证，为打造高质量的绿色节能产品提供保障。在销售端，海尔持续上新产品，推进以旧换新，为用户提供多样化的高效节能产品。

未来，海尔将持续推进绿色低碳技术研发与应用，推动数字化发展与绿色低碳发展的融合，促进产业生产、消费者生活的绿色转型。

第 2 章

技术驱动：数字技术引领经济创新发展

数字经济的发展离不开技术的驱动，数字技术是支撑数字经济发展的关键力量。通信技术、物联网、云计算、大数据、人工智能等数字技术加快了数字经济的发展步伐，使经济发展模式发生了根本性变革。在数字技术推动创新、提升经济运行效率的影响下，数字经济的规模不断扩大。

2.1 通信技术：打造数字经济通信底座

通信技术实现了各种设备间的互联和数据的互通，为数字经济的发展提供了基础设施。5G、6G 等技术的发展和相关基础设施的搭建，为数字经济的发展搭建了良好的生态系统，为新模式、新业态的涌现提供了优良土壤。

2.1.1 5G 应用，激发数字经济活力

2024 年 6 月，5G 商用牌照发放 5 周年。自正式商用以来，5G 实现了

规模化发展与应用，5G 应用进入各行各业。5G 的规模化部署为各行各业的数字化转型提供了基础网络支撑，为数字经济的发展提供了新引擎。

5G 对数字经济产出的贡献主要体现在三个方面，如图 2.1 所示。

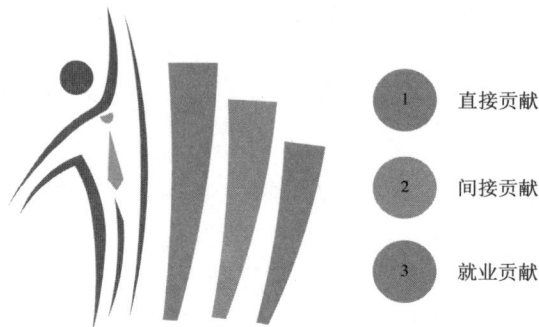

1 直接贡献

2 间接贡献

3 就业贡献

图 2.1　5G 对数字经济产出的贡献

1. 直接贡献

从 5G 能够带来的最直接的贡献来看，5G 的全面部署能够有效带动相关产业的快速发展。

一方面，5G 基础设施驱动了数字经济的发展。工业和信息化部负责人介绍，截至 2025 年 3 月底，我国建成的 5G 基站 439.5 万个，5G 网络实现了广泛覆盖。电信行业对 5G 基础设施的投资直接带动了巨额的经济产出，有力推动了数字经济的发展。

另一方面，随着 5G 的发展，人们对各种 5G 衍生应用的需求越来越高，因此各大应用开发商致力于开发出更多适配于 5G 网络的新应用，互联网行业迎来新的发展空间。这也驱动了数字经济的发展。

2. 间接贡献

5G 的全面覆盖推动我国各行业的数字化转型。5G 与人工智能、大数据、云计算等技术结合，能够优化相关产业的研发设计、生产制造等流程，推动相关产业实现深刻变革。

传统行业在 5G 技术及其相关技术的支持下能够提质增效、优化产业结构，在降低成本的同时提升产能。此外，传统行业在 5G 技术的推动下能够实现创新，迎来新的发展机遇。各行业之间的关联效应和波及效应，使得 5G 对数字经济产出的影响进一步放大，带动各行业实现高质量发展。

3. 就业贡献

5G 催生许多全新的智能领域，其背后广阔的蓝海市场提供了大量的就业机会。5G 的发展不仅能够带动通信领域发展，还能够催生出智能算法开发、智能设备研发、工业数据分析、相关行业应用、解决方案研究等方面的新型就业岗位。更多的就业岗位意味着更多的经济产出。

未来，随着 5G 在基础设施建设、应用赋能等方面不断推进，其将为数字经济的发展提供更高速、更便捷的网络支撑，同时为加速行业数字化转型提供助力，全面促进数字经济发展。

2.1.2　从 5G 到 5G-A，为数字经济注入新动能

5G-A 是 5G 在功能和覆盖范围上的演进和升级，是一种更先进的系统网络。通俗来说，5G-A 是 5G 技术的升级版，能够实现更快的网络传输速度、更低的延迟和更广泛的连接，并能打造更高可靠性的网络，满足经济发展对通信网络的更高要求。

5G-A 能够以优质网络提升用户体验。以往的交互方式多为语言交互和视频交互，而未来的交互将借助 3D 视频、扩展现实（extended reality，XR）技术等实现沉浸式交互，这在实现体验升级的同时也对网络连接提出了更高的要求。5G-A 能够以高速、低时延的网络更好地实现沉浸式交互，给用户带来身临其境的体验。在高铁站、地铁站等交通中心，以及写

字楼、体育馆等场所，5G-A 能够提供更加稳定的网络。

5G-A 能够在产业应用过程中进一步释放产业价值，带动产业延伸，撬动更大的经济效益，推动数字经济发展。

一方面，5G-A 能够拓展专网服务，加速各行业数字化转型。当前，5G 专网专线市场正在快速发展中。基于快速、低成本等优势，5G 专网专线在多个行业实现了广泛应用。而 5G-A 能够为专网提供强大性能，提高网络速率，降低网络时延，并融合云计算、物联网等行业诉求，为行业数字化转型带来更多可能性。

例如，在办公场景中，5G-A 能够提供高传输速率的网络，满足数据上云、云会议等需要；在工业生产中，5G-A 能够赋能 AI 质检、远程控制等业务场景，加速工业数字化转型。

另一方面，基于能力的增强，5G-A 能够从企业辅助系统向企业核心系统进发，加速行业数字化转型。例如，不少企业都引入 5G 网络，以辅助会议、数据管理、物流运输等。而 5G-A 能够为柔性生产、井下开采等企业核心业务提供支撑，提升企业生产效率。

例如，在采矿业务中，煤矿开采存在井下采爆面看不清、数据无法采集等问题，而 5G-A 技术可助力搭建井下采爆面网络，实现数据采集与传输。同时，该网络还能够实现摄像仪视频回传，再基于 AI 技术实现采爆面的全景视频拼接，让井下作业看得清。

总之，5G-A 在智能制造、远程医疗、矿区作业等多个场景展现出潜力与价值。随着未来 5G-A 的大范围落地，其将与更多场景融合，打造数字经济发展新势能。

2.1.3 中国移动：借 6G 打造经济增长点

经过多年发展，5G 技术不断成熟，实现了规模化落地，在赋能各行业数字化转型方面效果显著。基于此，各大运营商、科技企业等纷纷启动了 6G 研发工作，致力于探索信息产业创新的新高地。例如，中国移动积极启动 6G 研发工作，助力数字经济发展。

6G 是面向未来的新一代移动信息网络，可以实现"空天地海"全场景覆盖，具有通信、计算、智能等多维能力。6G 的应用和普及将推动数字经济与实体经济进一步融合，推动数字经济实现可持续发展。

在技术上，中国移动聚焦无线通信、无线组网、网络架构等技术领域布局 6G 技术研发，细分的研发方向包括新型网络架构、通信感知一体化、新型无线传输、"空天地海"一体化等。例如，6G 网络具有感知能力，实现了网络从传递信息向感知世界的转变。中国移动在网络协作通感技术方面积极探索，提高网络感知度。而且，该技术能够在不改动硬件的基础上低成本实现。

中国移动还携手高校联合研究，共同推进技术创新。其成立了未来研究院，探索通信技术与量子信息、新材料等跨界技术融合，同时与清华大学、北京邮电大学等成立联合研究院，加速 6G 理论与技术的研究突破。

此外，中国移动十分重视国际合作，积极推动全球 6G 统一标准的建立和全球生态的搭建。除了积极参与国际电信联盟（International Telecommunication Union，ITU）、全球运营商组织 NGMN 联盟（Next Generation Mobile Network，NGMN）等国际组织开展的 6G 相关活动外，中国移动还与爱立信、英特尔等国际企业进行深度交流与合作。

未来，随着 6G 基础设施的搭建，以及 6G 与人工智能、云计算等技术的结合，"空天地海"一体化的全方位网络将建立起来，为数字经济的发展提供全方位的通信支持。

2.2 物联网：智能连接为经济提质增效

物联网能够将很多不同的设备连接起来，搭建起广泛互联的智能网络。物联网平台在企业中的应用将有力推进企业的数字化转型进程，而物联网在制造、零售等领域的应用将推动数字经济繁荣发展。

2.2.1 物联网驱动企业数字化转型

在企业数字化转型过程中，物联网能够实现设备之间互联以及业务数据可视化管理，从而推进企业的数字化转型进程。而汇聚各种业务流程与数据的物联网平台能够为企业的数字化转型提供多方面的支持。

在这方面，用友网络科技股份有限公司（以下简称用友）基于自身在物联网、人工智能等方面的技术优势，推出了智能物联网平台，为企业的数字化转型提供助力。

用友推出的智能物联网平台是一个能够连接业务系统与工业设备的中间系统，能够使二者实现互联，从而打破数据孤岛，实现企业数据的整合。该智能物联网平台主要具有三个功能，如图 2.2 所示。

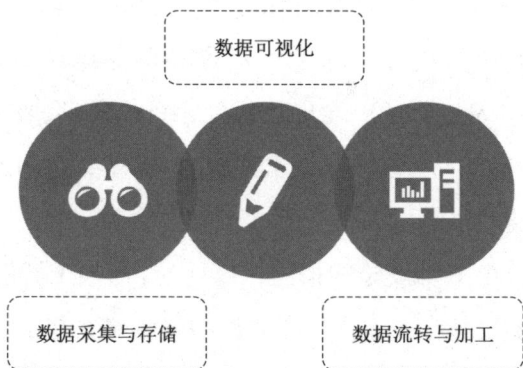

图 2.2　用友智能物联网平台的功能

1. 数据采集与存储

该平台能够在收集到不同的设备数据后将数据存储起来，并进行汇总、归档，以供业务系统查询或使用。该平台能够实现数据的自动化采集，减少大量重复性工作。该平台通过定义"设备模型"，将待物联的设备模板化，并在模板中设置相应的通信接口、协议、参数等，以减少多次重复创建设备产生的工作量。

2. 数据可视化

该平台能够使数据实现可视化展示。通常情况下，在物联网应用的过程中，数据可视化程度对数据最终的应用效果有很大影响。物联网数据可视化可以应用于过程画面的创建，通过与实时数据绑定，使数据组态化，从而提供各种各样的组态功能。

该平台中的可视化编辑工具提供了基础图形、图表类、多媒体视频等丰富的图元组件，通过拖拽方式就能实现对现场监视画面的编辑。该平台还能够将图元组件与设备运行数据进行绑定或关联，使现场监视画面呈现动态化效果。

3. 数据流转与加工

该平台能够推动数据的流转和加工。以丰富的行业经验为前提，通过规则引擎的应用，该平台能够对各种没有业务含义的数据进行配置与加工，使其具有独特的业务含义。规则引擎主要负责处理物联网平台采集到的数据，并将处理结果发送到指定服务中。规则引擎通过内置组件制定处理规则，使用户能够按照实际业务逻辑进行可配置化编程，使数据能够在业务流程中自如流转。

基于以上三个功能，该智能物联网平台实现了数据沉淀、泛在连接、数据智能与可视化呈现，在工业大脑搭建、生产制造、智能工厂建设等方面实现了广泛应用，有力推进了制造企业的数字化转型。

2.2.2　物联网促进数字经济发展

物联网在推动数字经济发展方面具有巨大潜力，其能够在很多领域实现应用，为各领域带来巨大效益。

当前，物联网在智能制造、数字零售等领域已经实现应用。在智能制造领域，物联网在生产环节的应用可以实现自动化、智能化生产，提高生产效率和产品质量。物联网可以通过传感器实现对生产状态、设备实时监控，实现预测性维护、故障预警等，降低设备维修成本。

在数字零售领域，物联网可以帮助企业实现智能营销、个性化推荐等，提升企业的营销转化率和消费者体验。例如，物联网可以连接智能手机、智能家居、可穿戴设备等，为企业的智能营销提供大量数据，帮助企业了解用户的喜好和需求。根据用户的浏览记录、搜索记录、历史购买记录等，企业可以向用户推送个性化的广告和优惠信息，提升用户的购买意愿。

在数字经济的发展中，物联网的两大作用是实现产业互联和数据智能。

（1）物联网通过产业间的连接，实现数据共享和协同发展。例如，物联网能够实现智能制造和智慧物流的互联，实现生产和销售的协同，促进供应链高效运转。

（2）物联网通过对数据的采集、处理和分析，使决策更加智能和精准。例如，在智能制造场景中，通过对生产数据、设备数据的实时监控和分析，物联网可以优化生产过程，提高生产效率。在智慧城市场景中，物联网通过对城市各领域数据的采集和分析，可以实现城市的智能化、精细化管理，提升城市管理水平。

未来，随着物联网技术的发展，其在数字经济中的应用将更加深入，覆盖更多数字经济细分领域，推动数字经济实现更好的发展。

2.3 云计算：提供强大计算服务

随着云计算技术的不断成熟和产业化进程的加速，其应用范围已从互联网行业逐步拓展至传统行业，有力推动了数字经济与实体经济的深度融合。云计算不仅为各行各业提供了前所未有的计算能力，还以高效、灵活、可扩展的特性，为企业带来了前所未有的便利和价值，是推动社会进步和经济发展的重要力量。

2.3.1 云计算优势明显，助力数字化

云计算提供了一种将计算资源、存储资源等按需提供给用户的服务模式。在云计算的支持下，企业能够低成本、高效地使用云计算服务，推进自身的数字化转型。云计算的优势主要体现在以下四个方面：

1. 成本效益

云计算的显著优势在于其采用"现收现付"模式。这一模式允许企业根据实际需求调整业务，从而避免支付不必要的闲置资源费用，极大地节约了成本。在"现收现付"模式下，企业仅需为实际使用的资源和服务付费，无须承担高昂的服务器维护费用。

2. 可扩展性

不同的企业有不同的业务需求，有些企业必须将业务迁移到云平台，如需求波动大、对灵活性要求高的企业，运行高负荷系统的企业，需要处理大量敏感数据的企业等。云计算可以让这些企业专注于业务发展，提升销售额。这是因为云计算具有极高的可扩展性，云计算服务商除了为企业提供服务器空间外，还为企业提供数百种支持工具。

3. 安全性

当企业将重要数据迁移到云平台时，云计算服务商会采取严密的数据保护措施，确保用户数据安全。同时，云平台拥有强大的防御体系，能够

察觉并阻断网络攻击，避免数据泄露。因此，数据上云能够更有效地保障企业的数据安全。

4. 移动性

随着时代的发展，云办公、远程办公等新型工作方式进入人们的视野。利用云计算，员工可以随时随地访问企业数据。同时，云计算还会提供一些办公服务，如在线协作、文件共享等，助力员工协作与信息共享。

基于以上优势，云计算不仅能够帮助企业更好地挖掘和利用数据，通过强大的数据分析能力为企业决策提供支持，还能够促进企业内部的沟通协作，提高工作效率。这些优势共同推动了企业的数字化发展，为企业带来了更多机遇。

2.3.2　云网融合纵深发展，打造新生态

云计算和通信技术的发展，推动了云网融合。云网融合的核心在于"融"，即实现云和网的融合，使二者在基础架构、资源调度等方面实现一体化。在云网融合背景下，网络资源和云资源可实现一体化供给、运营与服务。

在云网融合方面，网络通信运营商早已发力。网络通信运营商在云网融合方面的实践主要体现在三个方面，如图 2.3 所示。

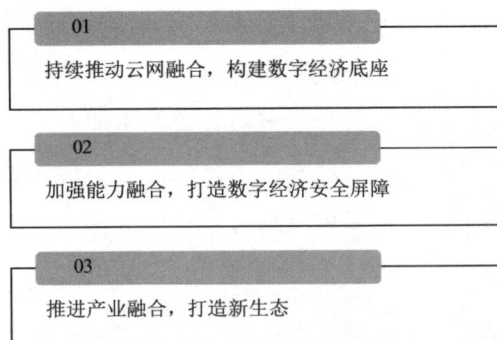

| 01 |
| 持续推动云网融合，构建数字经济底座 |

| 02 |
| 加强能力融合，打造数字经济安全屏障 |

| 03 |
| 推进产业融合，打造新生态 |

图 2.3　网络通信运营商在云网融合方面的实践

1. 持续推动云网融合，构建数字经济底座

网络通信运营商将自身丰富的网络资源与云计算能力相结合，构建起支撑数字经济发展的坚实基础。通过部署分布式的云数据中心，以及利用遍布全国乃至全球的网络基础设施，网络通信运营商为企业用户和个人用户提供低延迟、高可靠性的云服务。这不仅加快了数据处理和应用响应速度，还极大地提高了服务的可用性和灵活性。

此外，通过优化网络架构和增强云资源调度能力，网络通信运营商能够更有效地支持大数据、人工智能、物联网等技术的广泛应用，为数字经济的蓬勃发展构建坚实的技术底座。

2. 加强能力融合，打造数字经济安全屏障

随着数字经济的快速发展，数据安全和网络安全问题日益凸显。在云网融合的过程中，网络通信运营商应注重加强安全能力的融合，构建起数字经济的安全屏障。这包括利用云计算的弹性资源和网络的广覆盖特性，建立起全方位的安全防护体系，从物理安全、网络安全到应用安全层面，为用户提供一站式的安全服务。

网络通信运营商还通过实时监控网络流量、分析异常行为，利用人工智能等技术及时识别和响应安全威胁，保障用户数据安全和业务的连续性。此外，通过与政府、行业组织及其他企业合作，网络通信运营商积极推进安全标准和协议的制定，为数字经济的健康发展营造良好的环境。

3. 推进产业融合，打造新生态

在云网融合方面，网络通信运营商还积极推进与各行各业的深度融合，共同打造全新的数字经济生态系统。通过提供定制化的云网络解决方案，网络通信运营商能够帮助传统行业实现数字化转型，优化业务流程，提升运营效率和服务质量。例如，针对制造、农业、教育、医疗等行业，网络通信运营商不仅提供基础的云网服务，还结合行业特点开发了一系列应用服务和平台，促进了产业升级和创新。

此外，网络通信运营商还利用自身的技术和市场优势，与云服务商、内容提供商、应用开发商等合作伙伴共同构建开放、共赢的生态圈，推动了跨界合作和多元化业务模式的发展，为用户创造了更多价值，为数字经济的繁荣作出了重要贡献。

2.4 大数据：激活数据潜能

在数字经济的发展中，大数据扮演着重要角色。大数据能够通过采集、挖掘与分析数据，充分释放数据价值，帮助企业进行数字化生产、数字化营销等。同时，大数据的普遍应用有助于培育数字经济新业态，助力数字经济创新。

2.4.1 大数据赋能企业，带来新机会

基于强大的数据挖掘与分析能力，大数据能够解释数据背后的规律，帮助企业挖掘数据价值。这能够为企业提供多方面的助力，便于企业抓住数字经济浪潮下的发展机会。

第一，大数据可以助力企业智能决策。大数据可以通过数据采集与分析，帮助企业从海量数据中挖掘有价值的信息，为企业决策提供精准的数据支持。此外，大数据的应用改变了企业的决策方式，使企业由依靠经验决策转变为依靠数据决策，有效提高决策的科学性。

第二，大数据可以助力企业智能营销。借助大数据对市场数据、用户数据的分析，企业可以了解市场动向、市场需求，据此制定科学的市场策略；可以了解用户的行为和偏好，实现精准营销和个性化推荐，提升用户体验。

第三，大数据可以助力企业进行风险识别。企业可以借助大数据识别潜在风险、进行风险预测，进而有针对性地进行风险管理，提高抗风险能力。

大数据与各行业的结合将重塑各行业的产业结构。充分利用大数据实现发展的企业更具竞争优势，而不适应大数据带来变革的企业将被市场淘汰。

总之，大数据可以赋能企业运营各流程，助力企业进行数字化转型，提升企业的运转效率。这为企业的发展带来了机会，也为数字经济的发展、数字经济规模的扩大提供了助力。

2.4.2　释放数据价值，引领经济高质量发展

大数据能够释放数据价值，培育新业态，打造新的经济增长点，引领数字经济高质量发展。具体而言，大数据对数字经济的驱动作用主要体现在以下两个方面：

1. 大数据释放数据价值，助力数据要素市场建立

大数据能够实现数据资源的深层次处理，通过数据挖掘与分析将数据转化为可用的信息，发挥数据在数字经济中的更大价值。同时，市场经济需要实现生产要素商品化以及生产要素的流通和配置，以形成生产要素市场。而大数据可以推进数据流通标准、数据交易体系建设，促进数据交易、共享等环节有序进行，为构建数据要素市场、数据要素流通提供支持。

2. 大数据驱动数字经济创新，催生新业态

大数据在各行业的应用，能够加速传统产业数字化转型，催生以数据驱动为核心的新业态，驱动数字经济创新发展。

（1）大数据逐渐渗透到各领域，与传统产业深度融合，提升了传统产业的数字化水平。在电信、金融等服务行业中，大数据被广泛应用于客户细分、风险防控等领域，推动了业务创新。而在制造业中，工业大数据可以贯穿设计、生产、质检等多个环节，使工业系统具备诊断、控制、预测等智能化功能，变得更加智能。大数据为传统产业数字化创新与转型提供支撑，推动传统经济模式向数字经济模式演进。

（2）大数据能够促进产业间的融合创新，催生新业态。这是数字经济创新的重要表现。大数据的发展催生了数据交易、数据租赁服务等新业态，同时，大数据与多行业的融合应用，使得传统产业的经营模式、盈利模式、服务模式等发生变革。例如，金融、教育、电商等行业都在定制化大数据服务的支持下提升了数字化水平。

技术创新是数字经济发展的重要驱动力，大数据的创新和普及将激发数字经济领域的创业浪潮，加速数字经济的发展。

2.5 人工智能：驱动数字经济破浪前行

人工智能是推动产业变革、打造数字经济发展新优势的重要驱动力。作为新质生产力的代表，人工智能能够从多方面提升行业发展效率，促进数字经济发展。

2.5.1 人工智能成为新质生产力

数字经济的持续发展亟待新动能的支持，而发展新质生产力无疑是开辟新赛道、打造新优势的关键。与传统生产力基于线性扩展驱动经济增长的方式不同，新质生产力以非线性的智能化发展为核心，通过技术与模式的创新引领经济实现跨越式发展。

作为新质生产力的典型代表，人工智能基于深度学习技术，能够实现对海量数据的智能处理，显著提升生产效率。在制造业，人工智能可以提升生产线的智能化水平，实现高质量的柔性化生产；而在服务业，人工智能与智能客服、智能推荐系统等结合，不仅提高了服务效率，还优化了用户体验。

在具体应用上，人工智能能够融入数字经济的诸多方面。

1. 借助自然语言处理技术，人工智能广泛应用于数字经济的诸多领域

自然语言处理技术是一种通过机器学习、深度学习等，使计算机能够理解和处理自然语言的技术。借助这种技术，人工智能广泛应用于智能助手、智能客服、智能翻译、智能搜索等领域。

以智能助手为例，借助人工智能，智能助手能够理解用户的指令并提供相应的服务。智能语音助手Siri、天猫精灵等都是这一领域的典型产品。

2. 数字经济中的诸多数据分析工作，都离不开人工智能的支持

随着数字经济的发展，数据量呈指数级增长，人工智能能够对数据进行智能挖掘与分析，从海量数据中挖掘出有价值的信息，为企业决策提供支持。

例如，人工智能可以对企业的海量数据进行整理、分析并给出专业的分析报告。基于对市场数据的分析，人工智能可以预测市场趋势、挖掘市场商机等，帮助企业优化市场策略，抓住新的市场机会。

3. 智能推荐系统是人工智能在数字经济中的典型应用

智能推荐系统可以借助机器学习和数据挖掘，从用户的历史行为中挖掘用户兴趣，进而为用户提供个性化推荐。在数字经济中，智能推荐系统应用于电商、社交媒体等领域。其通过精准的推荐，提高用户的黏性，帮助企业留存用户、提高销售额。

除了以上领域外，人工智能在智能制造、智慧物流、智慧医疗、智能教育等领域都有广阔的应用前景。未来，随着人工智能技术的发展，其在数字经济领域的应用将更加深入，应用范围也将进一步扩大。

2.5.2　AIGC 为数字经济提供创新支持

随着人工智能领域大模型、AI 算法等技术的发展，生成式人工智能（artificial intelligence generated content，AIGC）兴起并快速发展，为数字经济创新发展提供支持。AIGC 具备强大的理解与内容生成能力，能够完成文字生成、图像生成、代码生成等多种内容生成任务，同时能够实现自主决策、持续学习等，解决各种复杂问题。

AIGC 对数字经济发展有着深远的影响，其可以提供更加强大、普惠的智能服务，推动各行业的数字化转型和创新。AIGC 对数字经济的影响主要体现在四个方面，如图 2.4 所示。

1. 推动数字经济创新

创新是数字经济发展的核心动力。AIGC 可以推动数字经济创新，这主要体现在以下几个方面：

（1）提升创新效率。AIGC 可以生成创意以及各种数字内容，辅助用户进行创新活动，从而提升创新效率。例如，AIGC 可以根据文字创作要求，给出合适的标题和内容，帮助用户寻找灵感。

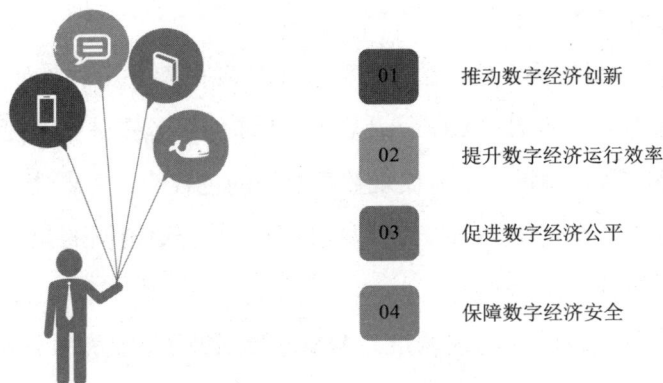

图 2.4　AIGC 对数字经济的影响

（2）拓展创新领域。AIGC 能够融合多领域的知识，拓展新领域，形成新模式。例如，AIGC 能够融合数学、物理、化学等多学科的知识，有助于企业开发新产品。

（3）提高创新质量。AIGC 可以以丰富的知识和创新思维，提高创新质量，产出更具价值的创新成果。例如，借助丰富的知识和创新思维，AIGC 能够生成精美的画作。

2. 提升数字经济运行效率

AIGC 可以提升数字经济运行效率，这主要体现在以下几个方面：

（1）AIGC 可以通过自动化、智能化的生产方式，提高生产效率。例如，AIGC 可以通过调控生产设备、原材料等，实现生产过程的自动化管理。

（2）AIGC 可以通过平台化、共享化等方式，提高信息与资源的流通效率。AIGC 可以通过云平台共享 AI 算法，加速智能解决方案的部署和优化，显著提高行业内信息与资源的流通效率。

（3）AIGC 可以通过个性化、智慧化的方式，提高消费效率和消费体验。例如，AIGC 支持语音、视频等交互方式，可以实现消费过程中的智慧化沟通。

3. 促进数字经济公平

AIGC 可以促进数字经济公平，这主要体现在以下几个方面：

（1）缩小数字鸿沟。AIGC 可以为企业和创作者提供更便捷、更普惠的服务，缩小数字鸿沟，充分展现数字经济的包容性和普惠性。

（2）促进社会公平。AIGC 可以提供更公开、更透明的数字化治理方案和工具，促进社会公平。

（3）提高经济活动的透明度。AIGC 可以协助监控和报告经济活动，减少不正当的商业行为，如欺诈、腐败等，提高经济活动的透明度，维护市场的公平竞争秩序。

（4）增加就业机会。虽然 AIGC 可能会替代某些工作，但它也会创造新的就业机会，特别是在数据科学、AI 维护和发展等领域。

4. 保障数字经济安全

AIGC 可以保障数字经济安全，这主要体现在以下几个方面：

（1）加强网络安全防范。AIGC 能够实时监控和分析网络流量，快速识别和响应安全威胁。它可以在发现异常行为或潜在攻击时立即采取行动，从而保护数据和系统不被入侵。

（2）欺诈检测与预防。在金融服务领域，AIGC 能够分析交易模式，识别可能的欺诈行为。它可以通过分析交易行为来发现异常活动，防止发生诈骗和其他非法活动。

（3）提高交易安全性。在电子商务和在线交易中，AIGC 可以用于提高交易安全性。例如，AIGC 可以采用智能身份验证来确认用户的真实身份，降低用户身份被盗用和遭遇支付欺诈的风险。

（4）供应链管理。AIGC 可以监控和优化供应链，识别潜在的风险和瓶颈。这有助于确保经济活动的连续性和安全性，特别是在面对外部冲击和威胁时。

（5）故障响应和恢复。在发生安全事件时，AIGC能够快速响应，帮助组织迅速恢复正常运作。它可以分析事件的原因并提出改进措施，降低未来发生类似事件的可能性。

尽管AIGC能够保障数字经济安全，助推数字经济发展，但也存在滥用和误用的风险。因此，企业在开发和部署AIGC应用时需要严格遵守伦理道德和安全标准，确保其不会对社会产生负面影响。

第 3 章

框架重构：核心要素数字化

在数字经济生态中，劳动者、生产力、生产关系等核心要素实现数字化，重构数字经济发展框架。除了数字职业、数字劳动者不断发展外，生产力要素也发生了变迁，算力成为新的生产力。此外，生产关系也实现了数字化重构。这些转变迎合了数字经济发展趋势，驱动了数字经济的发展。

3.1　劳动者：以数字化劳动创造成果

随着大数据、人工智能等数字技术的兴起，基于数字技术进行创造的劳动新形态——数字劳动出现。越来越多的劳动者借助数字技术进行数字劳动，这能够丰富数字经济内容，激活数字经济活力。

3.1.1　数字职业多元化发展

数字经济的发展催生了多样化的数字职业，如数字化解决方案设计师、商务数据分析师、AI 提示工程师等。这些数字职业的兴起为劳动者提供了丰富的就业机会。

以 AI 提示工程师为例。AI 提示工程师是一个极具吸引力的新兴职业。AI 提示工程师不仅需要提出引导性问题，更需要将人工智能、编程、语言、艺术等学科结合起来，需要具备语言能力、语法技能、批判性思维等，以更好地开展工作。

从本质上来看，提示工程是一种通过设计、优化提示词来引导模型生成高质量、有针对性的回答的技术，是 AI 提示工程师与生成式 AI 工具交互、创造的结果。这种交互可能是对话式的，也可能需要 AI 提示工程师编写代码提示 AI 生成所需的正确答案。而且，AI 提示工程师需要具备和多种类型大模型交互的能力，从而得到最优的创造成果。

随着数字经济的高速发展，未来将诞生更多新职业，提供更多就业机会。这将打开就业新空间。在数字职业兴起的趋势下，劳动者应如何做？

（1）劳动者需要明确自身职业定位与发展方向，根据自身兴趣确定职业规划。

（2）劳动者需要根据自身职业方向，学习相关技能，不断提高专业能力。

（3）为应对数字经济时代下不断变化的市场需求，劳动者需要灵活应变，根据市场需求适时调整职业规划。

劳动者需要时刻关注市场变化，寻找新机会，不断尝试、创新，探索更具潜力的职业方向。

3.1.2　学习数字技能，提升数字素养

数字经济的发展驱动了职业的数字化转型，对劳动者提出了新的要求。这促使劳动者学习数字技能，提升数字素养，以满足职位的要求。具体而言，在数字经济时代，劳动者需要培养五大数字能力，如图 3.1 所示，以提高自身的数字素养。

1. 数字生存能力

数字生存能力包括会使用各种 App 进行购物、出行、社交、求职、

工作等；会在网上查询、浏览相关信息；会对文件、照片等数字内容进行整理与保存等。具备基本的数字生存能力，劳动者才能进一步进行数字生产、数字创新。

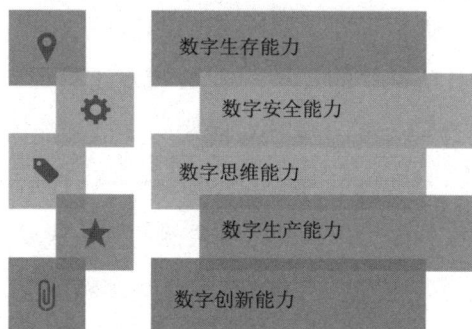

图 3.1　劳动者需要培养的数字能力

2. 数字安全能力

劳动者需要具有数字安全能力，这样才能在使用各种数字应用时防范数字风险。一方面，劳动者需要学会保护个人数据与隐私，保护自身数字资产；另一方面，劳动者需要提升对网络谣言、电信诈骗等内容的辨别能力，做好安全防护。此外，对于短视频、游戏等，劳动者需要提高自控能力，防止沉迷。

3. 数字思维能力

数字思维能力指的是借助数字技术解决生活、工作中的问题，提升生活、工作体验和水平的能力。劳动者需要具备数字思维能力，以通过数据分析找到问题、明确解决办法。

4. 数字生产能力

数字生产能力指的是通过数字技术输出数字产品、数字内容、数字解决方案等的能力。这包括创作短视频等数字内容、开发微信小程序等。

5. 数字创新能力

数字创新能力是指在数字基础设施、平台、应用等方面提出并实施创新想法的能力，如研发底层芯片、算法、大数据平台等。想要拥有数字创新能力，劳动者需要掌握数字技术和专业技能。

劳动者所处的行业、未来的职业发展方向不同，所需培养的数字素养不同，但存在提升数字素养的通用路径。具体而言，要想提高数字素养，劳动者需要做好以下几个方面：

（1）关注新技术。劳动者需要关注国家出台的数字经济相关政策，科技巨头在数字经济、数字技术领域推出的新战略，打造的新业态与新模式等，做到和市场最新信息同步并识别与自己相关的新技术领域。

（2）学习新技术。劳动者应保持开放态度，学习新技术的原理和应用方法，通过实践和交流评估对工作的潜在影响，探索如何提升效率和创造新价值，并关注技术带来的职业机会与挑战。

（3）善用新技术。劳动者应通过持续学习掌握新技术，主动适应技术变革，将其应用于提升工作效率与创新，同时评估技术带来的影响，确保技术助力个人职业成长和工作环境改善。

3.1.3　数字劳动者成为新风尚

数字技术的发展和数字经济的繁荣催生了越来越多的数字职业和数字劳动者。随着《中华人民共和国职业分类大典（2022年版）》发布，数字劳动者的职业分类体系正式确立。

从整体来看，数字劳动者呈现五大特点，如图3.2所示。

1. 覆盖第一、第二与第三产业

从数字劳动者的分布来看，其已经渗透第一、第二与第三产业。在农业产业中，产业数字化进程不断提速，催生了数字化农业技术员、农产品带货主播等职业，聚集了很多数字劳动者。

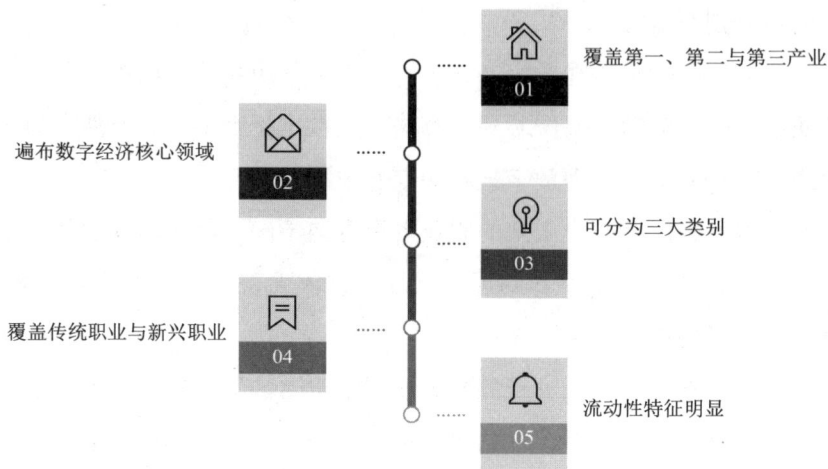

图 3.2 数字劳动者的特点

在制造业、建筑业等产业中，数据分析师、物联网工程师、人工智能工程师等数字化岗位的规模逐渐扩大，聚集了诸多数字劳动者。在金融、交通运输等产业中，产生了用户体验设计师、数字产品经理、数字化解决方案设计师、大数据工程师等数字化岗位，吸引了相关领域的数字劳动者。

2. 遍布数字经济核心领域

数字劳动者遍布数字经济的核心领域，如数字技术应用领域、数字要素驱动领域、数字产品制造与服务领域等。

3. 可分为三大类别

不同职业对数字劳动者的技术水平和专业程度的要求不同，据此可以将数字劳动者分为三类：第一类数字劳动者需要具备专业的数字技术，完成专业性较强的工作，如物联网工程技术人员；第二类数字劳动者不需要具备很高的专业素养，但需要在原有技术、知识的基础上融合数字技术，如智慧物流工程师；第三类数字劳动者只需要掌握一般的数字技术，具备基础的数字素养，如智能楼宇管理员。

4.覆盖传统职业与新兴职业

数字劳动者覆盖传统职业与新兴职业，其中既包括对传统职业进行数字化改造后的职业，如智能制造工程师、在线培训师等，也包括一些新兴的数字职业，如机器人工程师、AI 提示工程师等。

5.流动性特征明显

基于市场需求和岗位的灵活性，数字劳动者拥有明显的流动性特征。一些新工作形态的从业者，如虚拟人设计师、数据分析师等，具有较强的流动性。

3.2　生产力：数字经济催生新质生产力

随着数字经济的发展，生产力构成要素发生了变化，传统生产力跃升为新质生产力。同时，算力成为核心生产力，在数字经济发展中发挥着重要作用。

3.2.1　数字经济下，生产力构成要素变迁

在传统经济生态中，劳动力、资本、自然资源、科技、组织管理是生产力的主要构成要素。其中，劳动力指的是从事生产、服务的人或群体，是生产力的基本构成要素。资本包括物质资本（如生产设备、机械等）和非物质资本（如专利、商标等）。自然资源是生产的物质基础，包括土地、矿产等。科技是促进生产力发展的技术要素，能够提高生产效率和产品质量。组织管理包括优化组织结构、管理方法、决策机制等，是影响生产力

的一个要素。

随着数字经济的发展，以上传统生产要素得到更新，融入了新内容。在数字经济生产力的构成要素中，资本、组织管理、自然资源的重要性降低，数据成为新的生产要素。通过收集、处理、分析数据，企业可以获取更有价值的信息，作出科学决策，提高生产效率，推动产品创新。

同时，劳动力这一要素被细化为数字劳动者或数字人才。劳动者可以借助数字技术实现数字化企业管理、新兴数字产品研发等，推动企业与社会发展。科技这一要素被细化为数字技术，包括互联网、大数据、人工智能等。这些技术的应用能够变革生产方式，提高生产效率。

此外，创新成为驱动数字经济发展的关键力量，包括技术创新、商业模式创新等。这可以帮助企业适应市场变化，提高生产力，实现可持续发展。

3.2.2　算力成为核心生产力

工业、教育、金融等各行业的发展，以及企业的研发生产、产品运行等，都离不开算力的支持。算力成为数字经济时代的重要生产力。

算力在数字经济的发展中扮演着重要角色。随着数字经济进入全新发展阶段，数字经济的应用场景更加丰富，产业需求更加多样，这就需要更强大的计算能力作为支撑。企业纷纷发展算力产业，抢占未来发展先机。

目前，无人农场正在取代传统农业生产方式；送餐机器人取代了真人送餐；人工智能技术日渐成熟，虚拟数字人的自然交互能力有所提升；工厂利用数字孪生技术进行仿真模拟……在此基础上，算力需求呈现指数级增长，数据量的增加要求算力不断升级。算力是支撑新兴技术不断发展的重要动力，没有算力，一切将无从谈起，算力时代已经到来。

面对算力时代带来的发展机遇，企业积极布局。例如，拓维信息打造了自主计算品牌"兆瀚"。拓维信息是一家同时布局鸿蒙生态与智能计算的科技企业，而"兆瀚"则是其基于"鲲鹏处理器＋昇腾 AI"技术底座，形成的较为完善的智能计算产品体系，能够实现车路协同与智慧路网打造。

在一次展会上，拓维信息为用户演示了如何智能控制隧道灯光、如何针对隧道事件快速预警，展现了其全场景智能运营的"智慧隧道解决方案"。该方案能够为智慧城市赋能，帮助企业进行数字化转型。

再如，国产算力芯片龙头海光信息 2023 年业绩大幅增长，而这得益于中央处理器（central processing unit，CPU）和深度计算单元（deep computing unit，DCU）的双重驱动。海光信息生产的高端处理器产品分为两个系列：通用处理器海光 CPU 系列、协处理器海光 DCU 系列。

海光信息的 CPU 分为高端的 7000 系列、中端的 5000 系列和低端的 3000 系列，产品矩阵丰富，能够满足不同客户的需求。海光信息 CPU 系列产品兼容国际上主流的 x86 指令集、操作系统和应用软件，性能达到国际上同类高端处理器的水平，被广泛应用于通信、金融等领域。

海光信息的 DCU 系列产品基于通用图形处理器（general purpose graphics processing unit，GPGPU）架构研发出来，可以兼容"类 CUDA"环境和国际上一些主流的商业计算软件、AI 软件，具有较强的适应性、并行计算能力和较高的能效比。值得一提的是，海光信息 DCU 系列产品中的"深算二号"为"悟道""紫东太初"、GPT、ChatGLM 等大模型得到全面应用提供支撑，且与百度"文心一言"等大模型高度适配。

未来，随着科技巨头的探索和算力的发展，算力将赋能各行各业，加速各行各业的数字化转型进程，推动数字经济快速发展。

3.2.3 华为云：打造算力高地，助力数字经济

2024 年 6 月，华为云华东（芜湖）数据中心成立，这标志着华为云全国存算网的覆盖范围进一步扩大。该数据中心具有绿色低碳、安全可靠的技术优势，能够为企业提供随取随用的算力支持，赋能企业业务发展。

　　该数据中心借助人工智能技术精准控制温度，并通过对各种数据的训练，打造了云服务感知能效调优技术，降低了数据中心消耗的所有能源与IT负载消耗的能源的比值（power usage effectiveness，PUE），减少了海量服务器的电力消耗。同时，该数据中心引入了物联网、人工智能等技术，以识别供电、制冷等设备风险，为业务的连续性和全生命周期数据安全提供保障。

　　此外，为满足超大规模算力需求，该数据中心采用多元算力对等池化架构，借助分布式擎天架构实现多种资源的统一池化，并通过矩阵算力架构大幅提升算力。该数据中心还借助瑶光智慧云脑实现了池化资源的统一调度管理和资源的按需组合，以满足企业对算力使用的不同要求。

　　基于以上优势，该数据中心能够为长三角地区汽车、生物医药、高科技等领域的企业提供强大的计算资源支持。

　　华为云长期布局算力基础设施，为企业创新、行业数字化智能化转型提供助力，为数字经济的发展贡献力量。目前，华为云已经与科大讯飞、亳州医药等企业达成合作，为企业的数智化转型提供智能算力、大模型开发等方面的支持。华为云华东（芜湖）数据中心成立后，华为云全国存算网的布局进一步完善，将为更多企业的数智化发展提供算力与技术支持，满足各行业发展对算力的需求。

3.3　生产关系：数字经济下的变革与重构

　　数字经济的发展不仅催生了新质生产力，更驱动了生产关系的深刻变革。当生产力变革达到一定程度，原有的生产关系便难以再满足其发展的需求，这一矛盾促使新生产关系的诞生。在数字经济时代，生产关系更加灵活、透明。

3.3.1　生产关系迭代，数字化演变

随着新质生产力的形成和发展，生产关系也发生了演变，逐渐走向数字化。数字化生产关系主要具有以下三个特征：

1. 数据透明

数字化生产关系能够打破数据孤岛，实现数据透明。而数据透明能够促进权力再分配，实现公平，原有的职能型、层级化的组织架构会被重构。

2. 全员可信

信用是经济发展的重要保障，是组织运转的基础。云计算、5G、人工智能等先进技术催生了大量新的生产力，为生产关系的变革提供支撑，能够生成具有可信度、各个节点互通的信息。同时，基于区块链技术，产业链中的每一个人、每一个环节都是可信的，全员可信的信用体系得以构建。

3. 身份对等

如今，我国已从劳动力人口红利时代进入智慧人口红利时代。在新时代，生产关系中的身份对等体现在两个方面：一是生产体系中的每一个成员身份都是平等的，以管理者为核心的传统管理理念被时代淘汰，管理者成为赋能者，激发员工的潜能最大化释放；二是数字技术使得个体在网络世界中的身份和现实世界中的身份具有对等性，个体可以基于数据透明和信任发挥自己的潜力和创造力，充分释放自己的价值。

生产关系数字化是数字经济时代的必然趋势，能够反作用于生产力变革。生产力和生产关系相互作用、相互依存，共同推动数字经济迈向新高度。

3.3.2 三大举措，重构生产关系

在生产关系数字化演变的趋势下，相关方需要积极探索新型生产关系，推进生产关系的重构。具体而言，重构生产关系的举措主要有以下三个：

1. 推动面向全社会、信息透明的体系和机制建立，并加快建设面向垂直领域的信用体系

相关方应基于可信技术推动建立信息透明的经济体系和运行机制，保障经济生态中信息公开透明和交易公平。

2. 加大数字经济发展力度，充分发挥数字资产对数字经济发展的重要作用，推动建立以信用为核心的产业互联网

数字化时代，数字空间价值凸显，是人们进行价值创造、发展数字经济的主要阵地。

想要推动数字经济快速发展，就要重视数字资产的价值，从宏观层面上制定数字资产确权、交易等机制。企业可以在数字空间中大胆进行设计、生产、物流运输等的创新，充分挖掘数字空间的价值。

在促进数字经济发展方面，传统产业转型势在必行，而建立产业互联网是传统产业转型的有效途径。产业互联网是催生新型数字化生产关系的重要平台，相关方应加快建设产业信用体系，积极布局产业互联网，以推动数字经济高速发展。

3. 加快推动与数字化生产关系相契合的商业模式创新

企业应基于数字化生产关系数据透明、全员可信、身份对等三个特点，从设计、生产、运营、服务等方面入手，大胆进行商业模式创新。

数字化生产关系可以为数字生产力的发展提供良好的环境，相关方应利用数字技术积极创新生产关系，促进传统产业升级和产业互联网构建，为数字经济插上腾飞的翅膀。

中 篇

数字经济浪潮下企业数字化转型指南

第 4 章

战略升级：明确数字化转型指导方针

数字化转型是企业应对数字经济时代挑战，抓住新发展机遇的重要战略。在启动数字化转型之前，企业需要做好数字化转型战略规划，明确转型目标和路径，以有序地开展数字化转型活动。

4.1 深化认知：明确企业现状与战略目标

在制定数字化转型战略规划时，企业需要思考：自身需要通过数字化转型解决哪些痛点；达成什么目的。明确这些问题，企业就能明确数字化转型的方向、目标和路径。在这个过程中，企业需要对自身发展现状进行评估，进而制定完善的战略规划，同时规避转型过程中的陷阱。

4.1.1 企业现状：以模型自测数字化成熟度

企业数字化转型不是单纯地在企业中引入数字技术、打造数字化流程，而是需要企业在清楚自身发展现状的情况下设计合适的数字化转型方案。在这方面，企业可以借助数字化 MAX 成熟度模型判断自身的数字化程度，进而制定合适的数字化转型方案。

数字化 MAX 成熟度模型将企业分为六个级别。

第 0 级企业，既没有使用数据分析工具，也没有将数据应用于企业日常运营中的企业。这类企业没有认识到数据的重要性，通常由管理层根据经验直接作出决策。

第 1 级企业，即主要使用 Excel 进行数据存储和分析的企业。这类企业进行数据分析的频率较低，处理的数据少且零散。因此得到的分析结果也相对片面，无法为上层决策提供帮助，也无法为企业的数据体系建设提供支撑。

第 2 级企业，即已经建立专业的数据分析部门的企业。这类企业会使用商业智能（business intelligence，BI）分析工具辅助管理层进行决策，数据分析工作也更具规模、更成体系。但由于 BI 分析工具有技术门槛，只有技术人员才能使用，因此无法全面覆盖企业的各项业务，也无法实时响应业务人员的需求。

第 3 级企业，即可以系统地进行数据应用，利用数据分析的结果支撑业务发展的企业。这类企业已经搭建较为完善的数据分析体系，组建了专业的数据分析团队，可以解决一些共通的数据问题。但其数据化运营成本过高，因此要想实现全面数据化运营的难度较大。

当企业的数字化水平达到第 3 级时，需要处理的数据大幅增加，对数据进行治理就显得格外重要。数据的整合、维护、业务赋能等环节需要多个部门配合完成，其运作逻辑如图 4.1 所示。

在这个过程中，业务人员只需提出业务需求，建模、代码实现、运行则需要技术人员完成，这会严重损耗他们的精力，阻碍产品研发的进程。同时，由于数据分析结果并未应用于企业的核心业务，数据的使用程度不深，因此会对企业的数字化转型进程造成阻碍。

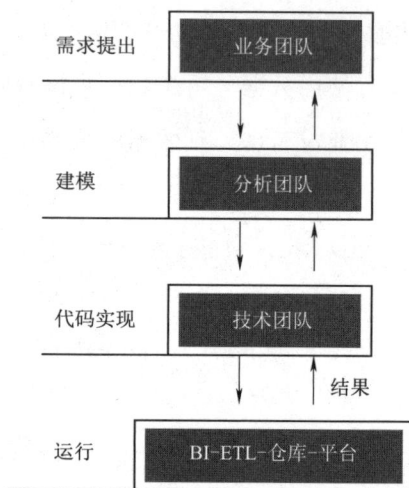

图 4.1　数据支撑业务发展的运作逻辑

第 4 级企业，即围绕企业的核心业务进行运营，能够利用数据为业务赋能的企业。这类企业通过将自身的数据资产进行沉淀，实现了数据的良性循环，构建了较为完整的数据中台。业务人员可以利用数据及工具自主满足大部分业务需求。

数据中台的构建加快了企业内部数据、模型、算法等资料的共享进程，极大地提升了数据传输效率，使得每个部门都可以随时调用需求数据。业务人员可以直接将数据资料上传至 BI 分析工具并获得分析结果，极大地减轻了技术人员的工作压力，使他们将精力集中在对数据资产的梳理上，从而打造新的盈利增长点，加速企业的数字化进程。

第 5 级企业，即能够利用数据实现业务创新与变革的企业。这类企业已经实现了数据资产的沉淀，将企业内外部的数据打通，据此制定先进、完善的数据战略，利用数据驱动自身发展。

企业发展到第 5 级时，便能够将自主研发的算法、模型、程序等转化为自身的数据资产，形成独有的数据生态，使每位员工都可以快速获取需求数据。同时，企业的数据运营思路、数据人才培训体系也趋于完善，为企业提供源源不断的力量。

企业可以根据以上模型判断自身的数字化水平，了解自身的劣势，明确数字化建设的重点及难点，制定适合自身的数字化转型方案，有序推进数字化转型。

4.1.2　战略规划：从明确愿景到计划实施

在进行数字化转型时，从战略制定到战略执行，企业都需要做好规划。具体而言，企业需要依据图 4.2 所示的步骤制定战略规划。

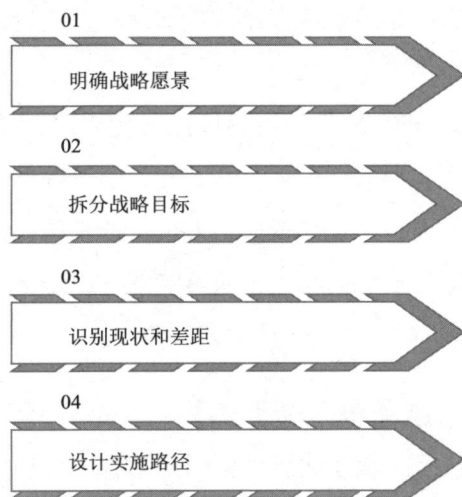

01
明确战略愿景

02
拆分战略目标

03
识别现状和差距

04
设计实施路径

图 4.2　企业制定数字化转型战略规划的步骤

1. 明确战略愿景

在企业制定数字化战略的过程中，蓬勃发展的数字技术会促使企业现有的商业模式或运营模式发生变化。因此，企业需要明确自身战略愿景，如扩大市场份额、提升客户满意度、拓展全球业务等，并根据战略愿景细化发展目标和实施路径。

2.拆分战略目标

企业明确战略愿景后，就需要将其拆分为各个领域的目标，确定每个业务领域需要达成的数字化目标，如数字化营销、智慧运营、智能制造等。同时，企业需要设计未来的数字化蓝图，明确需要推出的数字化产品、技术及相应的基础架构。

3.识别现状和差距

企业需要评估组织当前的数字化程度，包括技术基础设施、数字技能、流程和文化。这能够使企业明确自身的优势、劣势以及外部环境中的机会和威胁，识别自身与行业巨头的差距，根据战略目标的重要性、成本效益分析和资源可用性等因素综合评估数字化能力建设的优先级。

4.设计实施路径

企业需要根据确定的各业务领域目标和优先级，制订具体的实施计划。这包括技术选型、资源分配、时间表和关键里程碑的设定。企业除了要确保有足够的资源支持，包括资金、人员、技术等，还要确保组织结构和文化能够支持数字化战略的实施。这可能涉及组织结构的优化、人才培养和数字文化建设。

4.1.3 误区规避：避免陷入转型陷阱

一些企业虽然进行了数字化转型，但是没有取得理想的结果，原因往往是陷入了数字化转型的陷阱。为了避免陷入陷阱，企业需要规避思维误区。常见的数字化转型思维误区主要有以下两个：

1.信息化建设等同于数字化转型

从技术角度来看，许多信息化解决方案中使用的技术，也在数字化解决方案中得到应用。因此，一些企业将信息化建设等同于数字化转型。然而，这是一种片面的认知，信息化建设和数字化转型有很大差别。

信息化建设是指将原来的纸质化信息迁移到计算机上，从手工处理传递信息过渡到用计算机、网络处理传递信息，只是计算机技术的一种应用。而数字化转型的目标是实现企业商业模式和业务流程的根本性变革，它的定位更高、内涵更深、外延更广。

从高度来看，数字化转型站在全局视野重新审视业务模式、业务流程，重视整体性、系统性和协同性，用创新思维驱动业务变革，将数字化作为业务创新发展的引擎与动力，强调用计算机实现业务电子化，而不改变业务模式和业务流程。

从广度来看，数字化转型是全链条的连接与协同。信息化建设主要在线上，而数字化转型不仅在线上，还延伸到线下；信息化建设主要在企业内部，而数字化转型不仅在企业内部，还向产业链上下游延伸。

从深度来看，信息化建设是通过粗颗粒度的信息来建模，而数字化转型则是以细化的信息来建模，如一个人的数据、一辆车的数据，甚至细化到人的脚、车的引擎等数据。另外，数字化转型还会追踪时间维度上的信息，不仅能明确目前发展状况，还能明确历史发展情况和未来发展预期。

总之，信息化建设不等同于数字化转型。在数字化转型中，企业需要立足全局，借助数字技术驱动商业模式重构、业务流程创新等，以深刻变革驱动自身发展。

2.热衷模仿，盲目引入各种软硬件

在数字化转型过程中，一些企业看到了其他企业数字化转型成功的案例，于是便积极模仿成功企业的转型方法，引入各种软硬件，期待得到立竿见影的回报。然而，企业往往无法依靠模仿真正提升经营水平，问题在于这些企业缺乏对自身数字化转型的战略思考，在实战中只是"东拼西凑"。如果一味模仿转型成功企业，盲目进行软硬件投入，不仅会造成资

源浪费，甚至会适得其反，导致数字化转型失败。

在数字化转型过程中，企业需要根据自身资源现状、发展战略、业务运作模式等，有针对性地引入数字化设备和系统，实现业务数字化转型。例如，引入智能生产设备、智能生产管理系统，打造数字化生产线；建立销售部门与生产运营部门的数字化连接，实现部门间的高效协作等。

此外，在数字化转型过程中，企业也需要定期对数字化转型的成果进行复盘，分析当前的资源投入是否取得了预期的结果、以往的转型活动是否陷入了误区等，确保数字化转型始终走在正确的道路上。

4.2　价值创新：打造数字化的商业模式

在企业数字化转型过程中，商业模式数字化不可或缺。商业模式数字化能够改变企业的价值创造方式和逻辑，提升产品对客户的吸引力和企业竞争力。在推动商业模式实现数字化创新的过程中，企业还需注重价值创造的多元化和差异化。通过提供独特的产品或服务、优化客户体验、提升运营效率等方式，企业能够在激烈的市场竞争中脱颖而出，实现可持续发展。

4.2.1　六大因素推动商业模式创新

打造数字化商业模式意味着企业需要对原有商业模式进行数字化创新。在这方面，企业需要关注以下六大因素：

1. 科技创新

科技创新是推动商业模式创新的一大因素，技术的进步和发展，为商业模式创新提供了基础和实现的可能性，使商业模式创新的速度和效率得以提升。例如，随着大数据技术的发展，大数据在阿里巴巴企业中的战略地位越来越高，其旗下的淘宝购物平台推出多种大数据业务，如阿里信用贷款、淘宝数据魔方、天猫聚石塔平台等。

2. 用户需求

随着时代变化，用户的消费能力和消费水平提升，消费需求发生变化。传统的商业模式无法满足用户的新需求，因此商业模式亟待创新。例如，用户需求个性化催生了定制化生产的商业模式，满足了用户对个性化产品的需求；用户更注重消费带来的乐趣而不是产品本身的价值，使得体验式消费这一商业模式出现并蓬勃发展。

3. 外部竞争环境

数字经济时代，外部竞争环境发生了很大的变化。例如，参与竞争的主体从具体的经营者转变为不同的商业生态，竞争强度更大。

这在购物领域体现得尤为明显，随着人工智能、大数据等技术的发展，线上零售平台出现，给线下购物带来了很大的挑战，挤压了线下实体门店的市场空间。在这样的环境下，传统零售企业应明确自身的优劣势，找到能在新时代竞争中脱颖而出的关键点，以此为基础进行商业模式创新。

4. 企业战略

企业战略在一定程度上决定商业模式创新的方向和结果。企业要了解市场发展趋势和市场需求变化情况，制定合理的战略，为商业模式创新提供顶层设计支持。如果企业战略与企业的实际发展情况不匹配，可能导致商业模式创新失败。

5. 企业文化

企业文化对企业商业模式创新有着重要的影响，良好的企业文化能够为商业模式创新提供重要支撑。例如，开放、包容，鼓励员工创新、不断学习，重视员工提出的创意想法的文化有利于企业打破思维定式，找到商业模式创新的切入点。

6. 企业拥有的资源

商业模式创新需要资源的支持，如资金、人才、技术等。没有资源，商业模式创新只是纸上谈兵，很难落地。在进行商业模式创新前，企业应先梳理、整合自己拥有的资源，以明确商业模式创新能否顺利进行。

以上六大因素对商业模式创新都有重要的影响。企业应认真分析这些因素，明确商业模式创新路径，在数字经济时代开拓一条康庄大道。

4.2.2　商业模式转型路径

数字经济时代，平台型商业模式的崛起为企业商业模式的数字化转型指明了方向。越来越多的企业开始探索平台型商业模式，以推进自身商业模式转型。这种转型存在两种路径：一是借助互联网平台；二是打造自有平台。

1. 借助互联网平台

在面临资源不足的问题时，企业可以向其他企业寻求帮助。例如，资源不足的中小型企业，可以借助互联网平台的流量，快速扩大规模，加快数字化转型进程。

例如，家居企业居然之家借助互联网平台提升产品销量。居然之家与阿里巴巴合作，共同推出一个全新的平台——"躺平设计家"。居然之家利用线上平台的大数据算法，向用户精准推荐产品，为用户提供了在线上选购家居产品便捷、新颖的购物体验，进而有效导流至线下门店。居然之家还注重提升服务水平和产品质量，确保线上线下业务同步发展。通过商业模式的创新升级，居然之家实现了快速发展，产品销量显著增长。

使用这种方案改造商业模式的企业应该将注意力放在自身价值链最核心的环节，通过互联网平台成功实现商业模式变革，加快数字化转型步伐。

2. 打造自有平台

实力雄厚、资源丰富的企业可以通过深入挖掘并整合自身的资源和能力，进一步拓展业务边界，吸引多元化的用户群体。企业也可以根据自身的特色和优势自建平台，打造"护城河"。这个平台可以是企业利用信息技术在互联网上搭建的平台，也可以是企业整合上下游时帮助自己获取更多资源的虚拟平台。

例如，平安集团依托"专业、自主、稳定、安全"的优势打造了一个金融云平台——"平安云"。平安集团是一家综合性金融服务企业，致力于成为国际领先的个人金融生活服务提供商，坚持开源和自主研发相结合的发展路线。

"平安云"这一"护城河"主要是通过海量数据与新型基础架构模型相结合的方式被创造出来的。它是平安集团技术领域的创新，提高了平安集团的业务效率，保障了平安集团的数据安全，加快了平安集团数字化转型的速度。

小米公司也一直致力于打造"护城河"。小米公司的"护城河"与平安集团的不同，它是一个虚拟的平台，核心在于对供应商资源的深度整合与控制。具体而言，小米公司不再让上游零部件供应商单方面决定产品的生产周期，而是通过战略投资，持有这些关键厂家的股份，从而牢牢掌控关键资源。

因此，企业在自建平台时，首要的任务是深刻理解并挖掘自身的核心能力，同时积极整合上下游资源。通过这样的方式，企业可以打造出符合自身特色和需求的专属平台，从而在激烈的市场竞争中脱颖而出。

4.2.3　联合利华：双管齐下推进转型

在打造数字化商业模式时，企业可以综合使用借助互联网平台和打造自有平台两种方式，全力推进商业模式数字化转型。

联合利华就将这两种方式结合，双管齐下打造数字化商业模式。在借助外部互联网平台方面，联合利华与阿里巴巴旗下的天猫平台达成合作，推动数字化能力共建。联合利华通过天猫平台及时获取用户需求，并加快研发符合用户需求的产品，提升产品销量。除此之外，联合利华还根据用户的反馈信息对产品进一步优化，通过借助外力实现快速成长。

在数字人才培养方面，联合利华发布了"联合利华＋985 高校数字化人才共建"计划。这个计划主要是将联合利华作为优秀高校人才的实习基地，目的是培养数字化人才并对其赋能，促进整个行业数字化转型的进程。

在自建平台方面，联合利华创建了"U 创孵化器"平台，为新锐品牌提供一个发展的平台。这个平台将联合利华和多种多样的新锐品牌连接，营造了透明、公平的市场环境，满足双方的需求。"U 创孵化器"平台还与外部企业合作，为新锐品牌提供资源，在促进新锐品牌进一步发展的同时，也带动了联合利华一起发展。

大型企业进行数字化转型应该"两条腿走路"，让企业内部、企业外部都能得到良好的发展，实现内外双循环，沉淀更多用户资源，促进销量增长。

4.3　数据赋能：以数据推进转型

数字经济时代，数据在企业数字化转型中发挥着重要作用。以数据推进转型，既能为数字化转型提速，又能保证数字化转型的科学性。

4.3.1　以数据分析实现科学决策

借助数据挖掘和数据分析，企业能够实现快速、精准决策，推进数字化进程。一方面，借助数据分析，企业能够快速挖掘数据中的关键信息，及时作出决策，缩短决策周期；另一方面，企业可以挖掘海量数据背后的规律，预测未来走势，使决策更加精准。

当前，已经有不少企业意识到了数据的价值，并以数据驱动决策。以知名家电品牌美的为例，美的致力于以数据驱动实现智能排产和降本增效。出于一些原因和需求的变化，美的客户要求的交货期经常临时出现变化，有时也会出现供应商跳单的情况。面对此类问题，如果采用人力调度模式去排产，无法快速调整排产计划，从而影响整个工厂的运营情况。

美的使用智能算法模型，在产销计划一体、全价值链协同的基础上通过数据分析实现自主生产和开发，打造了以数据为支撑的高效运营排产体系，并构建智能决策系统，通过大数据智能预测实现精细化排产。这使美的能够在合适的成本、合适的时间和地点将产品和服务交付给客户，更好地满足客户需求。

数据驱动美的智能化排产升级和优化，让生产运营更加精细、高效，大幅降低了美的生产成本，助力美的实现降本增效。

4.3.2　以数据驱动商业模式创新

数据分析是商业模式创新的重要依据。基于对用户数据、营销数据等数据的分析，企业能够有针对性地进行商业模式创新，保持竞争力。

以抖音为例，作为一个聚集着海量用户、具有巨大影响力的短视频平台，抖音的成功与其极具竞争力的商业模式密切相关。其商业模式的核心在于算法驱动的内容分发机制，为用户推荐符合其偏好的个性化内容，并通过在短视频中插入广告的方式，实现商业获利。抖音的商业模式体现了数据驱动思维，这主要体现在四个方面。

1. 明确用户需求

抖音平台中聚集着海量用户，而对用户进行数据分析是了解用户需求的重要途径。通过分析用户数据，抖音能够了解用户的兴趣、消费偏好、地域分布等信息，进而进行精准的目标用户定位。同时，借助数据分析，抖音还能了解用户在平台中的行为习惯，进而进行精准的内容推荐。当然，也必须提升推送内容的多样性、丰富性。

2. 广告精确投放

通过对用户行为数据进行分析，抖音能够根据用户的需求和消费偏好实现广告的精准投放。这能够提高广告的点击率和转化率，提升用户体验。

3. 内容持续优化

数据驱动思维也体现在抖音的内容优化方面。抖音会通过数据分析了解用户对不同类型内容的喜好程度，并根据数据分析结果对内容审核和推荐策略进行优化，提高内容对用户的吸引力。

4. 精细化运营活动

数据驱动思维也体现在抖音活动策划与运营中。通过数据分析，抖音可以了解用户对不同活动的参与度和反馈情况，有针对性地进行精细化运营。例如，抖音会根据用户的互动情况设置奖励，提高用户参与活动的积极性。

抖音从以上多个方面出发，以数据驱动服务，使内容分发更加精准，为用户提供更加个性化的内容与服务。这提高了抖音商业收益与价值创造的能力，使其商业模式更具竞争力。

4.3.3 招商银行：以数据驱动发展

在发展过程中，招商银行积极引入数字技术和工具，实现了深入的数据挖掘和系统的数据分析，并以数据赋能业务，以数据驱动企业发展。

要想充分挖掘数据的价值，让数据赋能业务，首先需要做好数据搜集工作，将数据汇聚在一起。在这方面，针对企业内部数据分散、数据更新慢等问题，招商银行打造了支持企业自主使用数据的工具"分行数据云"和数据分析平台"圆方"，降低了数据的使用门槛。

招商银行很早就打造了大数据平台，但主要面向总行级的部门开放。而招商银行各分行都建有本地数据仓库，数据之间难以实现互联。为了实现数据可用，招商银行基于大数据、私有云等，提出了大数据云化的新模式，并启动了分行数据云项目。这实现了海量数据的链接，让更多一线业务人员也能够灵活调用数据。

为了赋能数据自主可用，招商银行还打造了"圆方"数据分析平台。该平台能够帮助用户进行数据分析工作，降低用户使用数据的门槛，提高数据使用效率。同时，该平台支持多种类型的数据源接入，并以数据应用程序编程接口（application programming interface，API）服务赋能其他应用，使用场景十分丰富。这使得其能够对接一些分行数据应用，实现数据与应用的融合。此外，该平台集成了完善的安全审批流程，能够满足多网数据使用的安全需求，实现了对数据的安全管理。

未来，为了更好地使用数据，让数据推动业务发展，招商银行将不断加强技术探索，对数据分析平台与服务进行持续迭代，构建集数据汇集、数据治理、数据存储、可视化分析等功能于一体的一站式平台，输出端到端的数据解决方案。

第 5 章

组织优化：数字化组织激发组织活力

为了适应数字经济时代的新需求，企业需要将数字技术、数字化能力融入组织架构，建立新的数字化组织。数字化组织更加灵活，能够更好地应对市场变化。同时，数字化组织能够助力企业优化资源配置，提高协作效率，推动业务创新和持续发展。

5.1 两大路径，打造数字化组织

在数字经济潮流下，企业组织更加灵活、开放，向数字化组织转型。打造数字化组织，企业可以遵循两大路径：打造敏捷型组织和打造生态型组织。这两种组织各有优点，企业应根据自身的发展需要灵活选择。

5.1.1 打造敏捷型组织，提升灵活性

相较于臃肿、反应速度慢的传统组织，敏捷型组织具有灵活、适应性强等优势，能够根据环境、需求的变化及时作出反应。

1. 敏捷型组织的灵活性和适应性

敏捷型组织的灵活性和适应性体现在以下几个方面：

（1）敏捷型组织减少管理层级，能够实现更快的决策和更有效的沟通。

（2）团队在项目管理和决策方面拥有更高的自主性，能够快速适应变化和解决问题。

（3）团队成员来自不同的职能部门，彼此之间可以进行知识共享，有利于推动创新。

（4）敏捷型组织能够快速响应客户的需求和反馈，持续调整产品和服务以顺应市场的变化。

2. 软件产品研发敏捷团队的成员组成

敏捷型组织最早源于软件产品研发领域，根据敏捷方法论（如Scrum、看板等）的不同，组织中的角色可能会有所区别，但大体上可以概括为以下几种关键角色：

（1）敏捷团队成员。敏捷团队的基础角色包括业务分析人员、开发人员、测试人员、UI/UX 设计师等，根据项目需要可能涵盖不同专业领域。他们负责日常的开发工作，包括编写代码、测试、设计等。

（2）产品负责人。产品负责人负责定义产品愿景和方向，以及创建和维护产品待办事项列表。他们是团队与客户以及其他利益相关者之间的关键联络人。

（3）项目经理 / 团队领导。虽然在纯粹的敏捷环境中，项目经理的角色可能不那么重要，但在一些项目中，他们需要负责协调资源、监控项目进度和预算。

以上是软件产品研发敏捷团队的成员组成，其他领域可以以此为参考形成类似的敏捷型组织。在敏捷型组织中，这些角色通常较为灵活，重视跨职能协作和自主性，而不是严格遵循传统的层级结构和命令链。每个成员都被鼓励积极参与，对项目的成功负有共同责任。

3. 打造敏捷型组织

要成功打造敏捷型组织，企业可以采取以下策略：

（1）从传统的等级制文化转变为更加开放和协作的文化。

（2）对员工进行敏捷工作方式的培训，并提供必要的资源支持。

（3）重新设计工作流程，确保其支持快速迭代和灵活调整。

（4）采用支持敏捷工作方式的技术工具，如敏捷项目管理软件。

（5）定期评估组织的敏捷实践，并根据反馈进行改进。

尽管敏捷型组织具有诸多优势，但在实施过程中也可能面临一些挑战。

首先，员工和管理层可能难以适应新的工作方式和管理风格。不同背景和专业的团队成员需要时间来适应彼此的工作方式。

其次，需要有效的管理和资源分配，以支持敏捷团队的工作。

最后，传统的绩效评估体系可能不适用于敏捷型组织，需要设计新的评估标准。

这意味着，企业在打造敏捷型组织时，需要对组织文化、组织流程、管理方式等进行深刻变革，并引导员工适应新组织。

5.1.2 打造生态型组织，提升开放性

在数字经济时代，一些传统企业仍依赖科层制组织实现运转，封闭、僵硬的组织运作模式阻碍了企业的发展。对于这些企业而言，打造开放的生态型组织十分重要。

在传统的科层制组织中，一线业务人员没有决策权，虽然他们掌握很多数据，但不能灵活地响应用户诉求。决策、方案需要经过层层审批，而每一次信息传递都可能导致数据丢失，最上层的决策者掌握的数据往往存在缺失，却需要作出决策，因此企业的决策风险非常高。也就是说，在传统的科层制组织中，决策权掌握在高层级别的人手中，最了解用户诉求的

人拥有的权力反而最小，企业无法真正做到以用户为中心，其本质还是以权力为中心。

为了满足组织的开放性需求，生态型组织逐渐兴起。生态型组织是一种开放式的组织模式，组织内的成员有自驱力，能够自我管理，在共同的利益和文化牵引下实现共生协同和不断进化，能够快速适应外部环境的变化。

例如，滴滴出行的共享出行平台就是一个生态型组织。在这个平台上，专车、快车司机构成一个组织，都为平台提供服务。但他们与平台之间不存在雇佣关系，而是一种合约关系。司机进入组织后，会签署一份协议，其中包括市场规则、法律规则、伦理道德等。组织内有竞争，但更多的是合作。这类似于创造了一个生态环境，只有大家共同维护这个生态环境，才能实现共同发展。

生态型组织需要一个运营方。在滴滴出行的共享出行平台中，滴滴公司是运营方，它制定规则和标准，使生态内部活动可以有序进行，并收取服务费用于促进生态体系的发展。滴滴出行的共享出行平台的生态已经从最初的网约车扩展到货运、共享单车、能源等更多领域。生态型组织十分开放，可以提供多种服务，是未来企业组织发展的大趋势。

从传统科层制组织到生态型组织，企业的组织架构会越来越灵活、敏捷，权力的作用逐渐弱化，产品、用户、需求成为中心。

5.2 三大方法，推进数字化组织建设

企业可以从数字化组织规划、引入 OKR、推动企业文化转型三方面

推进数字化组织建设，最终搭建起数字化组织架构。

5.2.1 做好数字化组织规划

要想打造数字化组织，企业就需要对组织架构进行调整，明确当前组织面临的数字化转型痛点，设计解决方案并推进方案实施。具体而言，企业需要做好图 5.1 所示的规划。

图 5.1 打造数字化组织的规划

1. 组织调研

在组织调研阶段，企业可以通过访谈、调研问卷等方式了解员工对打造数字化组织的诉求和建议，进而了解组织的文化环境、资源情况等。同时，企业需要做好以下内容的调研：

（1）企业发展调研。通过研读企业年报、规划报告等，把握企业发展方向和变革思路，在此基础上明确组织数字化转型的方向、数字化组织能力建设重点等，使数字化组织建设能够和企业发展战略相匹配。

（2）组织现状调研。通过调研组织数据与资料，掌握当前的组织架构、人员组成等现状，识别组织发展的机遇和挑战，在此基础上规划组织优化的方向。

2. 组织分析

在组织分析阶段，企业需要结合组织发展现状，梳理企业管理、业务运营、人才管理等维度的数字化组织建设基本原则。在这个过程中，企业可以借鉴同行业企业的成功做法，如成功的组织架构、决策机制、业务流程等，推进自身数字化组织建设。

3. 方案设计

在数字化组织方案设计阶段，企业需要明确以下几个方面：

（1）组织架构设计。企业需要结合自身业务需求和外部成功案例，梳理数字化组织架构，明确组织各部门及功能。在明确组织架构的基础上，企业还需要细化岗位职责、任职资格等。

（2）业务运作流程设计。企业需要设计好数字化组织的业务运作流程图、流程指南，并定期进行流程评估和改进。

（3）员工发展通道设计。企业需要设计好数字化人才的职业发展路径，如晋升路径、培训机会等。

4. 方案实施

企业可以由点及面地推进组织数字化转型，即先在几个部门中对组织架构进行数字化调整，再将成熟的数字化组织体系在整个企业中推广。在这个过程中，企业需要定期对组织数字化转型的成效进行评估，确保新的组织架构能够驱动企业发展。

5.2.2　引入 OKR，提升组织效率

有了全新的数字化组织，组织的管理模式也需要进行变革，以提升组织的激励性，进而实现组织的自我驱动。而作为组织管理的有效工具，OKR 能够助力数字化组织管理，激发组织活力，提升组织运转效率。

在 OKR 中，O 为目标（objectives），KR 为关键结果（key results）。

OKR 能够帮助企业明确管理目标，并追踪影响目标实现的关键结果。这种管理方式能够更好地激发员工潜力，提高其工作效率。

OKR 的管理理念得到了越来越多企业的认可，尤其是互联网行业的头部企业。它们纷纷应用 OKR，而字节跳动就是其中的典型代表。字节跳动旗下的产品和业务快速扩张，在市场上占据了领先地位。其快速发展的背后离不开 OKR 的支持。

在字节跳动，OKR 可以记录员工的工作情况，并向所有人公开，普通员工也可以查看总裁的 OKR。员工的工作内容与工作目标是公开、透明的，管理层的管理工作进行得非常顺利。

通过 OKR 进行组织管理具有以下两个优势：

1. 提高员工的参与度

OKR 可以使员工的工作变得公开、透明，从而增强员工的责任意识，提升员工的工作效率与忠诚度。同时，OKR 还能创造更轻松的工作氛围，员工可以在这样的氛围中畅所欲言，提高自身在团队协作、企业管理中的参与度。

2. 确保方向和行动一致

利用 OKR 进行组织管理不仅能够让员工明确企业的战略、发展目标、愿景等，还能帮助其理解自己在团队中扮演的角色。如此一来，员工在工作时会更积极、更主动，协作意愿与决策能力更强。如果员工与员工之间、部门与部门之间的目标、关键结果、目标完成度等都是公开、透明的，就可以确保所有人的方向和行动是一致的，从而节省沟通时间，更高效地解决问题。

组织各层级目标、方向一致提升了组织的协调性，同时 OKR 带来的资源共享和信息流通也提升了组织运作效率。这使得组织得以高效运转，进而快速达成发展目标。

5.2.3　推动企业文化转型

在打造数字化组织的过程中，推动文化转型十分有必要。开放、和谐的企业文化能够为数字化组织的运转提供良好的文化环境，同时激发员工的潜力。具体而言，企业需要打造赋能型文化，让企业文化为组织运转、员工工作赋能。

怎样打造赋能型文化？企业需要构建开放、包容、以人为导向的企业文化。

首先，企业需要倡导开放的管理作风。企业管理者需要充分信任员工，积极倾听员工的建议，鼓励员工参与到决策中。企业可以建立向上反馈机制，鼓励员工针对企业存在的问题积极提出自己的想法，并对其中的创新想法、可行建议等进行奖励，激发员工向上沟通的积极性。这能够在企业内部构建一种开放、平等的文化氛围。

其次，企业管理者需要适当放权，让员工在工作中具有更多自主性，以有效激发员工工作的积极性及创新性，让组织更具活力。企业管理者可以将一些不太重要的工作交由员工全权管理，在员工工作出错时不要马上收回权力，而是对其进行适当的指导，培养员工的独立思考能力与解决问题能力，并根据最终结果评估员工潜能。

最后，企业需要为员工提供交流的平台，为员工的成长提供机会。企业可以选定主题，定期召开交流会。在交流会上，每位员工都可以提出自己的见解，汲取别人的优秀经验，实现成长。持续定期召开交流会不仅可以活跃企业内的文化氛围，还可以激发员工想象力与创造力，让员工更具战斗力。

此外，企业还可以聚焦数字化转型，定期举办创意比赛。这可以提升员工的创新能力，让员工更积极地参与到数字化转型工作中。

赋能型文化能够为员工的成长提供助力，提高员工的自我驱动能力。

基于此，员工会更乐于接受有挑战性的工作，主动发挥自己的智慧和技能，在工作中创造更大价值。而这是企业数字化转型的重要驱动力。

5.2.4　拼多多：组织架构迎来更新

2023 年 4 月，拼多多发布公告：拼多多联合创始人担任执行董事和联席 CEO，与董事长、联席 CEO 共同负责公司运营。其中，联合创始人负责平台运营、商家服务、用户拓展、社区搭建等方面，另一位 CEO 负责技术研发、农业电商、新业务等方面。基于此，拼多多组织架构迎来了更新。

更新之后，拼多多的组织架构具有四个特点，如图 5.2 所示。

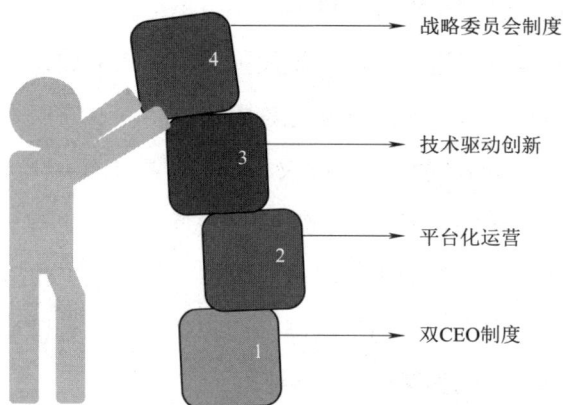

战略委员会制度

技术驱动创新

平台化运营

双CEO制度

图 5.2　拼多多新组织架构的特点

1. 双 CEO 制度

拼多多设立了联席 CEO，即两位 CEO 分工合作，各自负责不同的业务板块。这样既可以充分发挥他们的专长，又可以避免单一领导者决策失误，引发风险。

2. 平台化运营

拼多多对平台化运营很重视，而联合创始人在供应链管理方面很擅长，因此由他负责这部分业务。作为一个社交电商平台，拼多多的平台机制需要不断优化，以提升用户消费体验和商家服务效率，打造良好的社区氛围。

3. 技术驱动创新

由另一位 CEO 负责技术研发、农业电商、新业务等方面，是拼多多落地技术驱动创新战略的具体做法。作为一个电商平台，拼多多需要加大技术研发力度，提升自身的创新能力，挖掘技术增长点，实现持续性的效益提升。

4. 战略委员会制度

组织架构调整之后，拼多多还成立了战略委员会，成员为三个人，负责制定公司发展战略和作出重大决策。这样既可以将三个人的经验、想法整合，使战略更具科学性，又可以使公司战略具有一致性和更强的执行力。

升级之后，拼多多的组织架构更能适应公司规模不断增长的需要，能够更灵活地应对市场竞争和外界变化，实现"让农业更美好"的愿景和"用科技推动社会进步"的使命。

5.3 拓展组织边界，协同合作促增长

组织是有明显界限的，组织边界包括企业内部边界和外部边界。在当前的商业环境中，为了适应不断变化的市场需求，企业需要适当拓展组织

边界，实现组织内外部的协同合作。

5.3.1 组织进化，构建协同共生组织

一些企业组织虽然能够运转，但存在明显的组织边界，呈现出封闭的特征，不利于企业的长久发展。对此，企业需要对组织进行升级，拓展组织边界，打造协同共生的组织，构建开放的组织生态。

打造协同共生的组织能够帮助企业适应市场变化。协同共生的组织是一种高效合作的组织形态，其中的企业共享资源、共创价值。这能够使企业融合更多资源，通过组织协作高效完成项目，获得更多利润。

要想打造协同共生的组织，企业就需要打破并拓展组织边界。一般来说，组织有三种边界，分别是上下级之间的垂直边界、不同职能部门之间的水平边界、企业内外之间的外部边界。一些发展成熟的企业，组织内部的边界很清晰，在明确的权责界限下，员工往往只关注自己的工作，而忽视对企业整体发展的思考。

要想打造协同共生的组织，企业需要打破并拓展以上三种边界。具体而言，企业需要做好以下几个方面：

1. 打破垂直边界

在打破垂直边界方面，一方面，企业需要精简组织架构，去除冗余层级，让组织更加扁平化；另一方面，企业需要打破职位等级，将权力下放到基层，让员工有一定的自主权，让对结果负责的一线员工作决策。这需要企业明确授权制度，在让员工有更多自主权的同时也不能忽视对员工的管理。

2. 打破水平边界

打破水平边界指的是企业要打破各个职能部门之间的边界，使生产、销售等部门连接，建立统一的跨部门协作系统。这能够打破组织内部的壁

垒，让各部门的协作更加灵活，提升组织运转效率，产生更大价值。

3.打破外部边界

在打破外部边界方面，企业需要加深与外部的连接。例如，与供应商连接，实现供应链的高效运转；与经销商连接，拓展销售渠道；与其他企业结成联盟，共同探索新市场等。企业可以充分利用数字技术增强外部协同能力。

拓展组织边界是打造协同共生组织的重要举措。组织边界被打破，企业可以融合更多的外部资源，产生更大效益。

5.3.2　外部拓展，连接企业上下游

在打破组织内部边界的基础上，企业需要着眼于组织外部边界的拓展，借助数字技术搭建协同平台，实现更广范围的连接，打造完善的组织生态。

借助数字技术，企业可以快速地将信息传递给战略合作伙伴、供应商等，对方也能快速反馈。同时，企业可以实现远程协作，处于不同地点的员工可以通过线上协作完成任务。这些都使得组织协同更加高效。

为了拓展组织外部边界，企业需要打造实现信息共享的数字化平台。数字化平台能够打通组织内部、各组织之间的连接，助力组织实现高效运转。

以某制造企业为例，由于组织存在封闭性，产品生产与销售过程中存在环节不透明的问题，各部门之间存在信息壁垒，例如，研发部门不清楚产品的具体销售情况，销售部门不知道生产部门的产品生产状况。这导致企业的整个业务流程不顺畅。而且该企业体量庞大，拥有多家分公司、供应商和经销商，各组织之间的协作也不顺畅。

针对这些问题，该企业打造了面向内部组织管理的组织数字化协同平

台，以及面向供应链协作的供应链数字化协同平台。

1. 组织数字化协同平台

该平台将员工管理、物料采购管理、物联网系统等集成起来，实现了组织的数字化运作。在该平台的支持下，处于不同地点、不同分公司的员工可以通过微信小程序或钉钉实时打卡，并自动生成工作轨迹和日志，记录工作内容和结果。企业管理者可以通过后台了解员工的工作情况，通过日志情况和考勤记录评估员工的工作质量。

企业管理者和员工可以在平台上建立部门群聊或者跨部门群组，打破原有的信息壁垒，使信息可以快速、及时地传达到相关部门。同时，由于有了更直接的沟通渠道，员工会感受到组织对其的信任，向上级反馈问题的积极性更高。

2. 供应链数字化协同平台

该企业通过打造供应链数字化协同平台实现了供应商、经销商各方之间的信息共享、顺畅沟通与高效协作。借助该平台，该企业可以实时掌握供应链的最新动态，加强供应链管理。同时，通过分析相关数据，企业可以更加准确地预测产品销售趋势，制订更加合理的生产计划、库存管理方案等。此外，借助该平台，供应链各环节可以通过沟通协作及时应对市场变化，快速响应市场需求，提高供应链的灵活性。

总之，企业可以从内部连接与外部连接两个方面出发，打造合适的数字化平台，实现组织内部之间、组织与组织之间的数字连接。

5.3.3　海尔：以开放合作实现生态共创

在当前快速变化的商业环境中，企业面临着日益复杂的挑战，难以通过单打独斗实现长久发展。这需要企业打破封闭组织的壁垒，打造开放合作的组织生态。作为业内领先的家电制造企业，海尔以开放合作实现生态共创，获取了源源不断的发展动力。

生态共创是一种开放合作、资源共享的运作模式。在这种模式下，企业通过开放的合作平台，实现与供应商、其他合作伙伴的资源整合与共享，进而实现共赢。

一方面，海尔十分重视创新。其鼓励员工、合作伙伴等参与产品创新，共同探讨问题。为此，海尔打造了创新基地、创新实验室等，并积极举办创新大赛，为员工、合作伙伴展示创新能力提供平台。同时，海尔积极与高校、科研机构等建立合作关系，共同开展创新项目。

另一方面，海尔打造共享平台，通过开放的合作网络实现资源共享。海尔与供应商、科技企业、渠道平台等建立了良好的合作关系，共同推进产品研发、生产与销售。此外，海尔十分重视通过数字化平台与用户互动，积极收集用户的意见与反馈，进而优化产品和服务。

开放平台和生态共创加快了海尔的发展步伐。在这种模式下，海尔能够快速聚集资源，推动产品创新，加快产品研发和上市速度。同时，引入合作伙伴和拓展渠道也能促进产品销售，提高产品的市场占有率。此外，通过生态共创，海尔能够不断吸纳创新资源，持续推出新产品、新技术、新模式等，始终保持竞争优势。

通过开放合作和生态共创，海尔与诸多合作伙伴共同构建了开放共赢的生态系统。这能够帮助海尔灵活应对商业环境变化，实现可持续发展。

第 6 章

人才培育：搭建数字化人才体系

在数字经济浪潮下，企业开展数字化转型是适应数字经济发展、寻求发展新机遇的必然选择。而在数字化转型过程中，人才培育成为众多企业关注的焦点。企业需要建立完善的数字化人才体系，加强对人才的培养，做好人才储备，为数字化转型提供充足的数字化人才支持。

6.1 聚焦基层：培养员工数字素养

对于广大的基层员工，企业需要培养他们的数字素养。具体而言，企业需要帮助员工建立数字化思维；组织培训助力员工掌握数字技能；优化管理，让员工积极参与到企业数字化转型中来。

6.1.1 帮助员工建立数字化思维

数字化思维是员工适应数字经济与数字化转型趋势，推动员工工作效率和创新能力提升的重要因素。

1. 数字化思维的重要性

数字化思维的重要性主要体现在以下几个方面：

（1）数字化思维能够帮助员工更好地利用数字技术、数字工具等，优化工作流程，提高工作效率。通过数据分析、自动化处理等手段，员工可以更快地处理工作，减少重复劳动和人为错误，从而提高工作效率和质量。

（2）数字化思维促使员工积极创新。新技术、新应用层出不穷，拥有数字化思维的员工更容易接受新技术、新应用，并尝试将其应用到实际工作中。这种勇于尝试和创新的精神能够促进员工的职业发展，为企业发展注入新的活力。

（3）数字化思维有助于促进跨部门协作。数字经济时代，企业往往需要多个部门的协同才能应对复杂的商业挑战。而具有数字化思维的员工更容易理解不同部门的工作方式，更乐于推进跨部门沟通与协作。这能够提升企业运营效率和凝聚力。

2. 企业数字化转型可以采取的策略

鉴于数字化思维具有重要性，企业需要帮助员工建立数字化思维，让员工理解并积极推进企业数字化转型。在具体操作上，企业可以采取以下策略：

（1）明确数字化思维的重要性。企业需要向员工明确数字化思维在当今商业环境中的重要性，通过研讨会、内部沟通会议等，让员工了解数字化趋势、技术革新及其对企业运营的影响。同时，企业需要向员工强调，数字化思维是所有员工都应具备的基本思维。

（2）倡导数据驱动决策。企业应当倡导数据驱动决策，鼓励员工根据数据分析作决策，而非只依靠经验作决策。同时，企业可以让员工参与数据采集与分析，让其感受到数据的价值，进而培养其数据敏感性和数字化思维。

（3）设立项目或挑战。企业可以设立产品创新、流程优化等方面的与数字化相关的项目或挑战，引导员工运用数字化思维解决问题。这样员工可以在实践中应用数字化思维，深化对数字化转型的认知。

（4）建立激励机制。在员工激励方面，企业可以表彰在数字化转型中表现突出的员工，分享他们的成功经验。同时，企业还可以设立奖励机制，如设立数字化创新奖、数据分析能手奖等，激励员工积极践行数字化思维。

综上所述，企业可以从多个方面入手帮助员工建立数字化思维，帮助其应对数字化转型带来的挑战，让其能够适应新时代的工作变革，为企业的数字化转型奠定坚实的基础。

6.1.2　以培训提高员工数字技能

为了让员工掌握必要的数字技能，企业可以通过培训的方式培养、强化员工的数字技能。以培训培养员工的数字技能是一项系统性工程，企业需要从多个方面入手，确保培训的有效性。具体而言，企业需要做好四个方面，如图 6.1 所示。

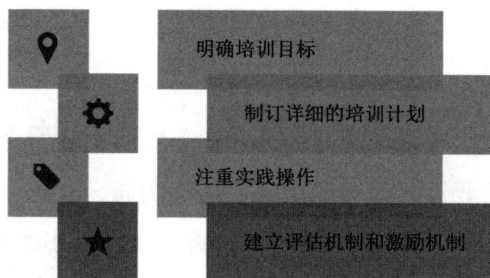

图 6.1　企业做好员工数字技能培训的要点

1. 明确培训目标

企业需要明确各岗位对数字技能的具体需求，如数据分析、办公软件使用、网络安全等方面的技能要求。同时，企业需要通过问卷调查、技能测试等方式，了解员工当前的数字技能水平，明确不足之处。在此基础上，企业可以根据岗位需求和员工现状，设置合适的培训目标，如掌握某种数据分析工具的使用方法、提高办公软件使用效率等。

2. 制订详细的培训计划

在制订培训计划时，企业需要明确培训内容、培训方式、培训时间等。企业需要根据培训目标设计细分的培训内容，如数据分析、数字化软件应用、网络安全等方面的培训。

在培训方式上，企业可以根据自身资源条件、数字技能培训需求等选择合适的培训方式。线上培训灵活、便捷，便于员工自主学习；线下培训有利于讲师、员工之间的互动与交流，培训效果有保障。除了内部讲师授课外，企业还可以邀请外部专家授课，或选择专门的在线课程。多种培训方式结合使用，能够满足不同员工的学习需求。

在培训时间的安排上，企业需要设置合理的培训时间表，确保员工有时间参加培训，避免培训对员工工作造成较大干扰。

3. 注重实践操作

在培训过程中，企业需要为员工提供充足的实践机会，让其能够在实践操作中掌握数字技能。企业也可以通过案例讲解，让员工理解数字技能在工作场景中的应用价值，激发其学习和实操的兴趣。

4. 建立评估机制和激励机制

企业需要建立科学的评估机制，对员工的培训效果进行定期评估。通过评估，企业可以了解员工对数字技能的掌握情况、在工作中的表现等，进而有针对性地制订后续的培训计划。

同时，激励机制也是十分必要的。企业可以以现金奖励、发放荣誉证书等多种方式激励员工提升数字技能、在工作中灵活使用数字技能。这能够激发员工的学习热情，提升培训效果。

除了以上几个方面外，企业也需要打造开放、和谐的文化氛围，让员工在轻松的氛围中学习和提升数字技能。通过完善的培训，企业可以助力员工不断提升数字技能，为企业的数字化转型和长远发展提供人才保障。

6.1.3 优化管理，提高员工积极性

在企业数字化转型过程中，由于管理层与员工之间存在一道沟通屏障，员工很难了解数字化转型是怎样推进的，也不了解自己需要做出哪些改变、自己的工作能够为数字化转型提供哪些支持。员工在企业数字化转型过程中没有参与感，潜力就很难被激发。

为了解决这个问题，企业需要优化管理，提高管理的透明性。要想做好透明化管理，企业需要关注以下几个要点：

1. 实现开放式沟通

开放式沟通提倡信息在组织内部公开、共享，而不是仅限于高层管理者之间公开、共享。定期组织全员会议、部门会议，员工通过内部通信工具讨论企业政策、业绩、目标等，能够确保信息顺畅流动，员工能够及时获得重要信息。开放式沟通还有助于企业接收员工的反馈，有助于管理层了解来自用户及运营层面的问题及建议，从而优化决策。

2. 决策过程透明

要做到决策过程透明，首先，企业要制定和公开标准的决策流程，明确哪些人或部门负责做什么决策，确保责任和角色清晰。其次，企业要分享决策背后的数据、分析结果和相关信息，让员工了解决策的依据。再次，企业需要在决策过程中通过各种渠道收集员工的意见和建议，尤其是那些直接受决策结果影响的员工的意见和建议。最后，企业需要通过会议及其他内部通信方式，公开决策过程和结果。

通过实施这些措施，企业可以确保决策过程不仅在高层管理者之间实现透明，而且对所有员工都是透明的。决策过程透明有助于员工对企业建

立信任，提高员工的参与度和满意度，同时也提高了决策的质量和员工的接受度。

3.打造信息共享平台

打造信息共享平台是企业提高效率、促进知识共享和增强团队协作的关键。企业中的信息包括战略、组织、经营、业务、项目、财务、市场、技术、知识等多维度的信息，信息共享离不开工具的支持。

企业可以通过不同的工具实现多维度信息共享，例如，通过企业资源计划（enterprise resource planning，ERP）系统及其他信息管理系统实现组织、业务、财务、项目、市场等信息的共享。这有助于信息跨部门流通，促进不同部门之间的协同。

内部的通信平台和协同办公平台能够实现战略以及经营信息的共享，可以让员工及时了解企业战略及目标并将自己的目标与企业目标对齐。而即时通信工具可以让企业中的每个人实现实时连接，让信息能够高效地传递和流动。

透明化的管理能够让员工了解企业数字化转型的目标、进度，清楚自身在企业数字化转型中的角色和定位，进而明确自身的前进方向。这能够提升员工工作、参与数字化转型的积极性，最大化地激发员工潜能。

6.2　聚焦管理层：管理能力提升

在数字化转型过程中，管理者的管理能力也需要不断提升，以更好地带领企业发展，引导员工发挥更大潜能。具体而言，管理者需要提高洞察力、领导力和亲和力。

6.2.1　洞察力：敏锐察觉数字化新趋势

洞察力是管理者带领企业发展的关键能力。基于强大的洞察力，管理者能够及时识别外部环境、企业内部的变化，并采取相应的应对措施。具体而言，管理者需要培养五个方面的洞察力，如图 6.2 所示。

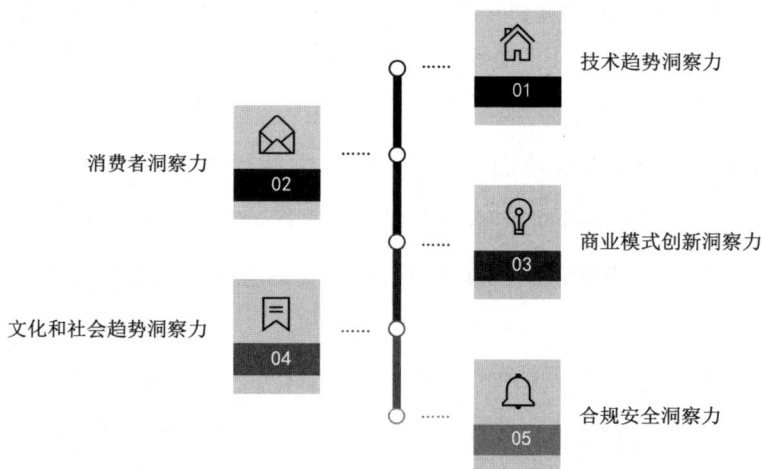

技术趋势洞察力
01

消费者洞察力
02

商业模式创新洞察力
03

文化和社会趋势洞察力
04

合规安全洞察力
05

图 6.2　管理者需要培养的洞察力

1. 技术趋势洞察力

管理者需要识别和理解新兴技术的发展趋势，如人工智能、大数据、物联网、区块链等，并且预测这些技术如何影响行业和市场。管理者更早地了解并应用这些先进技术，能够让企业取得一定的竞争优势。

2. 消费者洞察力

管理者需要理解数字化如何改变消费者的行为、需求和期望，并利用数字工具和数据分析来洞察消费者偏好和市场动态。只有充分了解消费者，管理者才能确保产品或服务更贴近消费者的诉求。

3. 商业模式创新洞察力

管理者需要洞察数字化环境下新的商业模式和运营方式，了解如何通过数字化转型来优化或重塑业务。这可以帮助管理者充分利用数据分析洞察业务和市场趋势，并根据数据制定策略，进行更精准的决策。

4. 文化和社会趋势洞察力

管理者需要了解数字化如何影响社会、文化和用户行为，洞察这些变化对组织和行业的影响。同时，管理者需要具备全球视野，明确全球化趋势和跨国市场中的机遇与挑战，特别是跨国企业的管理者，更要充分理解不同地区文化和社会发展趋势。

5. 合规安全洞察力

管理者需要深入理解数据合规和安全的重要性，洞察潜在的网络安全威胁，遵守相关的法律法规。

在数字经济时代，管理者具备敏锐的洞察力对引导组织适应环境变化、抓住新机遇、降低风险、推动企业持续发展至关重要。

6.2.2　领导力：强化数字领导力

在企业推进数字化转型，企业管理与数字技术不断融合的过程中，管理者需要进一步提升领导力，使自身领导力能够符合数字化发展趋势的需要。具体而言，管理者需要做好以下几个方面：

1. 管理者需要制定符合数字经济时代发展趋势的战略

管理者需要看到新时代的发展趋势与未来的发展机会，致力于创造新的价值空间。基于此制定的战略能够为企业的发展与员工的成长指明方向，员工能够充分发挥自己的创造性，创造更大的价值。

2. 管理者需要构建广泛而坚实的信任基础，推进员工间的协作

随着数字技术在企业内应用程度的加深，企业往往会引入多领域的人

才，如物联网人才、数据分析人才等，这给企业管理带来了新的挑战。为了促使人才充分发挥作用，管理者需要通过沟通、合理协调问题等方式与员工建立信任关系，引导员工达成共识，进行高效协同。

3. 管理者要学会为员工赋能

在数字化组织、数字技术的助力下，员工可以释放出更大潜能。管理者也需要充分放权，通过授权与赋能引导员工释放创造性。管理者需要通过适当授权更好地帮助员工开展工作，让员工具有更多的自主性，激发员工勇于尝试、敢于创新。同时，在员工的工作陷入困境时，管理者需要为员工提供必要的支持，帮助其走出困境、实现成长。

4. 为了保持并提高自己的领导力，管理者需要进行自我管理

管理者需要保持开放的态度，积极学习新思想、新的管理方法等，不断优化、提升自己的领导力。

6.2.3 亲和力：学会建议与倾听

在数字化转型过程中，组织将变得更加扁平、敏捷，管理者与员工之间的沟通将更频繁。为了更好地领导员工，管理者需要提升亲和力，与员工进行良好、有效的沟通。具体而言，管理者需要做好以下两个方面：

1. 以提建议的方式与员工沟通

在沟通中，建议比命令更容易让人接受。尤其是在指出员工工作中的问题时，命令的方式容易引发管理者与员工之间的矛盾，而建议则显得和缓许多。

如果管理者对员工的批评建立在"我是领导，我的命令你必须执行"的基础上，那么沟通效果将大打折扣。如果管理者对员工的批评建立在"对于需要我们共同完成的目标，你可以试试这个方法"的基础上，员工对批评会有不同的感受，更能受到激励。

例如，某企业的管理者在与员工沟通时，从不直接下达"你要这样做"或"你不要这样做"的指令，而是给员工提建议，如"你可以选择这样做""你这样做怎么样"。在与员工交谈的过程中，他会给员工留下选择或思考的机会，让他们能够在错误中学习与成长。这种沟通方式展示了管理者的亲和力，让沟通能够在一种良好的氛围中进行，提高了沟通效率。

2. 学会倾听，妥善解决问题

懂得倾听的管理者更具亲和力，能够妥善地解决问题。很多时候，管理者之所以不能包容员工的错误，是因为管理者不清楚事情的全貌。在管理实践中，一些情况下并没有绝对的对错之分，因为角度不同、时间不同、方式不同，都会导致人看问题的视角不同。只有管理者学会倾听，才能全面了解事情原委，才能包容看似错误的事情。

此外，每个员工的诉求都是不一样的。管理者学会倾听，就能深入了解每个员工的诉求和期望，为建立良好的工作关系奠定基础。

学会倾听是管理中不可或缺的一环。管理者学会倾听能够更好地激发员工的智慧和潜能，推动企业的良性发展。

6.3 体系建设：强化数字化人才管理

在数字化人才管理方面，管理者需要建立数字化人才库，做好人才储备工作，并从"选用育留"多个方面加强对数字化人才的管理，打造企业的人才竞争优势。在完善体系的支撑下，企业能够更好地储备、培养数字化人才，为企业的数字化转型提供人才支持。

6.3.1 做好储备：建立数字化人才库

企业数字化转型需要各种数字化人才的助力，为了满足人才需求，企业需要建立数字化人才库，做好数字化人才储备工作。

企业可以从以下两个方面入手建立数字化人才库：

1. 企业需要对现有数字化人才及储备数字化人才进行管理

企业需要建立数字化人才信息库，对现有数字化人才及储备数字化人才进行管理，不断沉淀外部的优质人才。

在这个过程中，企业需要将内外部的简历资源进行全面整合，并利用大数据、人工智能等技术对简历进行筛选与解析，分别绘制岗位与所需人才的画像。通过这种方式实现人才与岗位的最佳适配，从而快速选定符合企业发展战略与业务发展需要的岗位候选人。

2. 企业需要挖掘数据价值

企业可以借助数据分析技术、工具等，深入挖掘人力资源数据的价值，明确自身对各类人才的需求，提升人力资源决策的科学性。

建立数字化人才库后，企业可以在此基础上构建数字化人才管理系统，自动生成团队绩效、招聘效能、招聘结果分析报告等可视化图表。这些可视化图表可以帮助管理者直观地了解企业的人才需求，提升储备人才的质量。

在数字经济时代，数字化人才的地位越来越突出，企业需要围绕数字化转型战略与人才需求建立数字化人才库，实现动态的人才管理，推动自身的数字化转型进程。

6.3.2 加强管理：做好数字化人才的"选用育留"

想要做好数字化人才管理，企业可以从选、用、育、留四个方面入手。

1. 在数字化人才选拔方面

企业需要根据战略规划、业务需求等，明确所需数字化人才的具体岗位、技能和素质要求。在此基础上，企业可以通过招聘网站、社交媒体等多种渠道招聘数字化人才。

在招聘过程中，企业可以借助大数据分析，对求职者的学历、专业、工作经验等进行综合评估，提高招聘的科学性。同时，企业可以借助人工智能进行简历筛选和初步面试，提高招聘效率。

2. 在数字化人才任用方面

一方面，企业需要根据数字化人才的能力和特长，合理分配工作任务，确保人才能够发挥最大价值；另一方面，企业可以设置有挑战性的工作任务，激发数字化人才的创造力，促进其快速成长。此外，企业需要鼓励数字化人才与其他员工间的协作和交流，促进知识共享和资源整合。

3. 在数字化人才培育方面

企业可以与高校、职业培训机构等合作，共同打造完善的数字化人才培养体系。该体系包括理论讲解、实践培训等丰富内容，以帮助数字化人才进一步提升数字技能。同时，企业也需要根据数字化人才的个人特点和职业发展规划，为其制定个性化的培养方案，提供针对性的学习资源。此外，企业也需要紧跟技术发展趋势，引入先进的数字技术和工具，为数字化人才提供学习和实践的机会。

4. 在数字化人才留任方面

一方面，企业需要建立有效的薪酬激励机制，搭配完善的福利制度，以激发数字化人才的工作积极性，提升其对企业的忠诚度；另一方面，企业需要关注数字化人才的职业发展，为其提供广阔的职业发展空间和通常晋升路径，让其对未来发展充满期待。此外，企业也需要营造良好的文化氛围，通过组织文化活动、团建活动等，增强企业的凝聚力和向心力。

通过在选、用、育、留四个方面持续探索，企业能够打造一支高素质的数字化人才队伍，为数字化转型和持续发展奠定基础。

6.3.3　百度：校企合作培养数字化人才

为了应对数字经济时代给企业发展带来的挑战，满足企业、社会对数字化人才的需求，百度通过校企合作的方式，积极推进数字化人才培养。

在校企合作方面，百度主要推行三种模式，如图 6.3 所示。

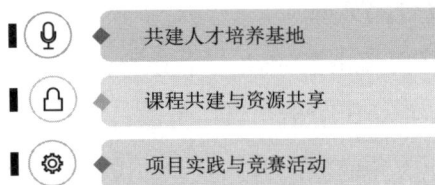

共建人才培养基地

课程共建与资源共享

项目实践与竞赛活动

图 6.3　百度校企合作的模式

1. 共建人才培养基地

百度与多所高校合作，共同建立人才培养基地，如"北京师范大学—百度松果人才培养实践基地""海南大学—百度松果人才培养实践基地"等。这些基地引入百度的产业资源、技术平台和项目，为学生提供全方位、多层次的学习和实践机会。

2. 课程共建与资源共享

百度与高校合作，共同开发人工智能、大数据等相关数字化课程，实现教学资源共享。同时，百度还向高校开放技术平台和数据资源，支持学生的科研和实践活动。

3. 项目实践与竞赛活动

百度与高校合作举办各类项目和竞赛活动，如技术竞赛、产业实训等。这些活动不仅锻炼了学生的实践能力和创新能力，也为他们提供了展示才华和获得认可的机会。

2023年12月，百度与深圳技术大学达成合作，双方将共建"人工智能菁英班"、实践基地等，以推进人工智能人才培养。"人工智能菁英班"选拔人工智能、计算机类专业的优秀学生，设置了每年5万元的专项助学金。每年考核合格的毕业生将优先推荐至百度工作。

在课程设置方面，双方结合当前的人工智能技术趋势、产业需求等设置专业课程，涵盖大模型、深度学习等技术的研究与应用。除了深圳技术大学相关专业的教师担任授课教师外，百度飞桨相关技术与管理人员也会参与教学研究工作，为学生讲解技术，指导学生实践。

此外，双方将在校外共建实践基地，旨在为学生提供实践机会，提升学生的实操能力。双方将基于飞桨人工智能联合创新实训室打造实训中心，为学生的学习、科技创新、创业等提供支持。

通过校企合作，双方能够集中教学、技术优势，培养出一批理论扎实、实践经验丰富的人工智能人才。同时，该合作也为科技企业与高校的校企合作提供了范例，开创了校企合作新模式。未来，百度将加强与高校的交流与合作，积极探索多元化的人才培养模式，培养出更多的高素质数字化人才。

第 7 章

营销革新：数字化营销与体验优化

随着互联网的发展、移动智能终端的普及，营销方式发生颠覆性变革，数字化营销成为主流。数字化营销促使营销策略重构，推动精准营销发展，为用户带来了更好的体验。基于此，越来越多的企业开始探索数字技术与营销活动的结合，深化营销转型。

7.1 营销策略数字化重构

数字经济时代，企业的营销思维、营销策略也需要进行变革。对此，企业需要改变思维，探索新策略，提升营销效益。

7.1.1 数字化风潮下的营销新思维

在传统品牌营销中，很多企业都会基于对流量的思考开展营销活动，以营销活动吸引流量，进而引导转化。而在用户注意力越来越分散的当下，营销引流转化的效益不断降低，企业急需新的营销策略。

面对这种现状，企业需要摒弃流量思维，树立触点思维。触点思维是一种更符合当下企业营销需求的新思维，指的是企业通过多样的触点与用户建立连接，为用户提供更全面、更贴心的服务。

触点可以有效吸引潜在用户的注意力，通过富有创意的营销活动向用户传递品牌的态度及价值观。互联网技术的进步使每个触点都有机会变成入口，这也导致传统的商业模式发生了极大的变革。从流量思维转变为触点思维，充分挖掘业务流程中的重要触点，有针对性地开展营销活动，是企业实现营销转型升级的核心。

好友推荐、企业官网、在线直播、活动物料、客服等都可以成为触点。这些触点会潜移默化地占据用户心智，从而提升其对品牌的信任，影响其购买决策。例如，企业可以在活动发放的物料上附上二维码，将物料打造为新的流量入口。企业不仅要关注用户购买产品的决策流程，还要关注产品的使用过程，在其中增加触点，提前做好扩展销售、交叉销售的准备，让产品深入用户生活，成为其生活的必需品。

产品销售的过程也是企业连接用户的过程，触点思维可以让企业深入了解用户，快速响应用户需求。企业建立触点思维，能够有温度、有深度地连接用户，从而更好地影响其购物决策。

7.1.2　数字化营销矩阵搭建

当前，小红书、抖音等新媒体平台蓬勃发展，为品牌营销提供了新渠道。企业需要充分挖掘新媒体平台的优势，搭建完善的新媒体矩阵，以多样化的渠道触达广泛的用户群体，进而提升品牌的影响力。

新媒体矩阵是指能够有效触及目标消费者的多种新媒体渠道的集合。它主要分为横向矩阵（外矩阵）和纵向矩阵（内矩阵）。横向矩阵指的是企业在整个媒体生态（包括自有 App、网站及各类社交平台，如微信、抖音、今日头条、微博、小红书、知乎等）中的布局。而纵向矩阵指的是企业在某个媒体平台上的生态布局，是企业各个产品线的纵向延伸，例如，在微信平台上可以布局订阅号、社群、企业微信、小程序等。

新媒体矩阵的优势主要体现在三个方面，如图 7.1 所示。

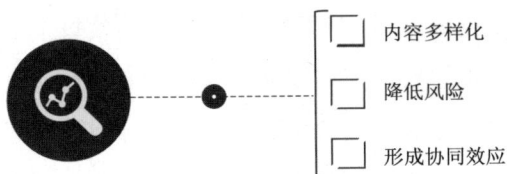

图 7.1　新媒体矩阵的优势

1. 内容多样化

不同新媒体平台拥有不同的特色和风格，例如，微信公众号主要以图文形式呈现内容，而抖音则专注于短视频。通过在多个平台上创建账号，企业可以实现营销内容多样化，以吸引不同群体的关注。

2. 降低风险

如果企业仅在单一平台运营，可能面临账号被封、被限流等问题，导致前期的营销努力白费。打造新媒体矩阵有助于企业分散营销风险，即便某一账号出现问题，也不会对整体营销策略造成重大影响。

3. 形成协同效应

不同平台之间可以形成有效的互补和协同，例如，企业可以在抖音上预热营销活动，在微信平台上加强转化，最后通过其他平台进行大规模推广，从而使品牌曝光度最大化。这样的策略使用户可以在多个平台上接触到产品信息，进而激发其产生购买意愿。

总体来说，打造一个高效的新媒体矩阵是企业实现全渠道营销的有效策略，它不仅可以帮助企业提升品牌知名度，还能有效促进用户转化和产品销售。

7.1.3 制定数据驱动的营销策略

为了提升营销效果，企业需要制定数据驱动的营销策略。具体而言，企业需要做好以下几个方面：

1. 建立数据管理体系

在建立数据管理体系时，一方面，企业需要从多个渠道收集数据，包括销售数据、用户行为数据等内部数据，以及市场调研数据、竞争对手数据等外部数据；另一方面，企业需要构建数据平台，以实现统一的数据存储、整合与管理。

2. 数据分析与洞察

企业可以从以下三个方面进行数据分析与洞察：

（1）市场趋势分析。通过分析市场数据，了解市场需求、竞争态势和行业趋势，为制定营销策略提供指导。

（2）用户行为分析。利用数据分析工具和方法，深入挖掘用户行为数据，了解用户的购买习惯、偏好、忠诚度等。

（3）销售数据分析。分析销售数据，包括销售额、销售渠道等，评估销售效率和效果，发现销售过程中的问题。

3. 制定数据驱动的营销策略

数据驱动的营销策略可以细分为以下三种策略：

（1）个性化营销策略。基于用户数据分析结果，制定个性化的营销策略，如产品、优惠信息个性化推荐，以提高用户满意度。

（2）内容营销策略。根据数据分析结果，创作符合用户兴趣和需求的高质量内容，如发布短视频、在社交媒体输出产品测评等，提高内容的吸引力和传播效果。

（3）渠道优化策略。通过数据分析评估不同营销渠道的营销效果，优化渠道投放策略，提高营销效率。

4. 实施与监控

在营销活动推进过程中，企业需要利用数据分析工具实时监控营销活动的效果，如点击率、转化率等关键指标，并根据监控结果及时调整营销策略。

5. 持续优化

在营销策略持续优化方面，企业需要定期对营销活动进行评估和总结，收集用户反馈，了解营销策略的优缺点和改进空间。同时，企业需要关注大数据、人工智能等新技术的发展和应用趋势，积极探索新技术在营销中的应用场景，如利用 AI 算法进行智能推荐、利用大数据分析进行精准营销等。

通过采取以上措施，企业可以制定数据驱动的营销策略，完善营销体系，提高营销效率和效果。

7.2 强化用户洞察，实现精准营销

数字经济时代，企业不仅需要关注营销内容的覆盖范围，更需要关注营销的转化率。通过强化用户洞察、进行用户精细化运营等，企业能够更好地实现精准营销，提升营销效益。

7.2.1 完善用户画像，分析用户行为

用户画像是一种有效的用户分析工具。借助用户画像，企业能够了解用户偏好、用户需求变化等，进而作出科学的营销决策，开展有针对性的营销活动。

从构成上来看，用户画像包括用户静态标签和用户动态标签。用户静态标签主要包括用户性别、地域、年龄、兴趣、消费水平和消费习惯等。

用户动态标签主要从用户行为中提取，包括用户在互联网上的浏览记录、购买行为等。大数据和云计算能够精准识别用户动态标签，并将用户动态标签输入到用户画像系统中。在绘制用户画像时，企业可以遵循四个步骤，如图7.2所示。

明确用户画像维度

明确用户调研形式

数据分析

输出用户画像

图 7.2　绘制用户画像的步骤

1. 明确用户画像维度

企业需要明确用户角色和业务发展目标，基于目标用户群体，结合业务目标找到用户画像的大致维度。同时，企业应该将自身业务实际情况与用户画像相结合，对用户信息有选择性地筛选。需要注意的是，不同端口的信息维度往往不同，例如，B 端更加关注用户的工作能力、工作内容等；而 C 端更加关注用户的性别、年龄、爱好和收入等。

2. 明确用户调研形式

企业需要根据用户、精力、时间和资金预算等因素，选择合理的调研方式采集用户信息，如问卷调研、电话邀约、微信沟通等。常用的用户调研方式有三种：第一种是定量分析，如数据分析、调查问卷等；第二种是定性分析，如访谈法、观察法等；第三种是定量和定性相结合。

3. 数据分析

收集用户数据后，企业需要进行分析，将数据转化为对产品营销有帮助的信息。企业需要确定用户关键行为变量，归纳用户的行为模式，并预测用户未来的行为模式。

4. 输出用户画像

在对用户行为特性进行总结后，企业可以绘制出用户画像的基本框架，并进一步描述用户的属性信息和行为场景，使用户形象更加真实、丰满。

需要注意的是，用户画像不是一成不变的，企业需要根据多维度信息对用户画像进行不断验证和完善。

7.2.2 借数字技术实现用户运营与营销

要想实现精准营销，企业就需要绘制精准的用户画像，并根据不同用户的需求、偏好等，进行精细化的用户运营。在这方面，数字技术能够为企业营销和用户运营提供帮助。

以数字化金融服务商百融云创为例，百融云创依靠大数据和人工智能技术帮助金融企业绘制精准的用户画像，使金融产品能够更加精准地匹配用户。同时，百融云创依靠大数据和云计算技术帮助金融企业构建覆盖多领域、多产品的风险识别体系，帮助金融企业最大化地避免业务与运营风险。

百融云创通过精准绘制用户画像，将业务风控前置到营销端，提升金融企业获客的精准度，帮助金融企业获取高质量的用户，有效降低了金融企业的获客风险和成本。百融云创依靠人工智能技术深度挖掘和分析金融企业的存量用户，并通过智能营销平台实现精准营销，激活大量沉睡用户，助力金融企业挖掘新商机、解决获客难的问题。

百融云创依托大数据技术为金融企业搭建用户价值系统、用户标签体系，帮助金融企业实现用户的精准分层。以金融企业的信贷存量用户营销为例，企业能够基于营销成单分、营销响应分，从沉睡用户、流失用户体系中精准对接到贷款需求高的用户，并通过短信、交互式语音应答等形式开展营销。在这种情况下，有需求的用户能够及时发现产品，没有需求的用户不会受到打扰。这极大地提升了金融企业产品营销的响应效率，节约了金融企业的营销成本。

在数字化营销不断发展的背景下，百融云创利用数字技术帮助金融企业深入洞察用户需求、进行精准营销，为金融企业创造更广泛的经济效益和社会效益。

7.2.3　海尔：数字化精准营销

基于长期积累的数据优势和技术优势，海尔打造了社交化用户关系管理（social customer relationship management，SCRM）会员大数据平台。基于该平台，海尔能够了解用户需求，进行数字化精准营销。

SCRM 会员大数据平台以用户数据为核心，是海尔的企业级用户数据平台。SCRM 会员大数据平台拥有大量的用户数据和用户标签，以及丰富的数据模型。基于 SCRM 会员大数据平台，海尔不断探索移动互联网时代的大数据精准交互营销，并顺势推出"梦享 +"社交化会员互动品牌。

SCRM 会员大数据平台的交互营销活动主要有以下四项内容：

1. 数据的核心是用户

结清尾款不是交易的结束，而是交互的开始。海尔要研究的是用户需求，SCRM 会员大数据平台的核心是用户。因此，SCRM 会员大数据平台打通八类数据，深入分析用户，了解用户的需求和喜好，并据此设计和生产产品。

"梦享 +"是海尔的上层会员平台，产生很多数据，这些数据被存储在 SCRM 会员大数据平台上。对海尔来说，除了会员数据外，产品销售、售后服务、官方网站以及社交媒体等方面的数据也非常重要。

SCRM 会员大数据平台存储了海量用户数据，海尔对这些用户数据进行了清洗、融合和识别。利用数据挖掘技术，海尔可以预测用户什么时候需要购买家电，从而进行精准营销。同时，海尔还可以了解到哪些用户比较活跃，重点满足他们的需求，实现交互创新。

2. 数据采集的核心是连接

数据不等于有价值的信息，只有连接之后，数据才能转化为有价值的信息。海尔以用户数据为核心，全流程连接运营数据、社交行为数据、网络交互数据。通过这样的连接，海尔对分散在不同系统中的数据进行融合和清洗，最终识别每个用户，并获得用户的姓名、电话、年龄、住址、邮箱、所需产品等信息。

3. 数据挖掘的核心是预测

数据挖掘的核心是预测，即预测用户接下来会有什么行为、有什么需求，或者对已有的产品、方案有什么更新需求。通过数据融合、用户识别，海尔生成数据标签，建立了数据模型，用量化分值定义用户潜在需求的高低。

4. 数据应用的核心是场景

数据应用的场景分为线上场景和线下场景两种，线上场景包括网上浏览、电商购物、线上社交等；线下场景有居家生活、实体店购物、电话交流等。无论用户出现在哪一个场景中，海尔都需要满足用户的需求。

海尔的 SCRM 会员大数据平台应用逐渐走向产品化、常态化。为了开展线下精准交互营销，SCRM 会员大数据平台还开发了两款产品：海尔营销宝和海尔交互宝。它们的主要作用是帮助设计师和研发人员更全面地了解用户需要、受欢迎产品的特征、用户兴趣分布以及可参与交互的活跃用户等信息。

7.3　强化用户体验，实现体验优化

营销的数字化革新能够从智能推荐、变革营销场景等多方面优化用户体验，加深用户与品牌的连接与互动，进而提升转化率。

7.3.1 智能推荐系统实现个性化推荐

人工智能技术在营销领域的应用催生了智能推荐系统，实现了个性化推荐。基于数据挖掘与分析，融入人工智能技术的智能推荐系统能够根据用户的行为、偏好等，为其推荐相应的产品。这能够优化用户体验，提升产品转化率。

例如，淘宝的智能推荐系统会收集用户的各种行为数据，如搜索行为、浏览历史、购买行为等数据。通过对这些数据的分析，智能推荐系统可以了解用户的偏好与需求，为其推荐符合其需求的商品。这为用户购买产品提供了便利，在提升用户体验的同时提高产品的转化率。

再如，网易云音乐之所以能发展成为一个聚集海量用户的音乐社交平台，与其智能推荐功能密不可分。其智能推荐功能主要是通过数据分析明确用户的兴趣和偏好，从而有针对性地为用户推荐歌曲。用户喜欢听经典老歌，智能推荐系统就会为其推荐多样的经典老歌；用户喜欢听酷炫、潮流的歌曲，智能推荐系统会为其推荐相关歌曲。基于智能推荐系统，网易云音乐满足了不同群体对音乐的不同需要，能够做到老少皆宜，因此受到了海量用户的青睐。

企业在进行营销转型时，需要积极引入新技术，打造智能推荐系统，聚焦用户需求为其智能推荐产品或服务。这有利于提高用户满意度，实现更高的利润增长。

7.3.2 打造数字化营销场景，革新体验

将产品放在特定场景中，能够更好地结合场景展示产品卖点，加深用户对产品的理解和记忆，给用户提供更好的购物体验。基于此，场景营销受到了许多企业的青睐。

场景营销的核心在于构建一个与产品消费紧密相关的场景，激发用户的购买需求，并提供便捷的体验途径，以实现营销目标。这种营销方式的重点并非传递产品信息，而是激发用户的情感共鸣，情感引导在场景营销中起到重要作用。情感上的触动能引导用户更深入地体验产品，进而激发其购买欲望。

在数字技术与营销策略融合的今天，场景营销通过利用新兴技术，能够为用户带来全新体验，并有效提升营销成果。

天猫臻品馆是一个能够为用户提供创新的虚拟购物体验的 3D 展馆，实现了现代技术与高端零售的无缝结合。这个 3D 展馆利用先进的三维建模技术，为用户创建了一个沉浸式的虚拟空间，使得线上购物体验更加生动和直观。在这个虚拟展馆中，用户可以通过电脑或移动设备，像在实体店中购物一样浏览各种产品。

用户在这个 3D 空间中可以自由移动，查看精心布置的展品和详尽的产品信息。每个展品都配有高清图像和详细描述，用户能够深入了解每件商品的特点和优势。此外，天猫臻品馆支持用户互动，例如，用户点击产品即可查看更多细节，甚至有些展品还有虚拟试穿或试用的功能。

这种 3D 虚拟展览不仅优化了用户的购物体验，还展现了天猫在技术创新和数字零售方面的探索，为其他企业探索场景营销提供参考。

总之，利用数字技术，企业能够在多个方面打开场景营销的新空间，包括创新的营销场景设计、提供沉浸式的用户体验，以及促进用户与产品之间的互动。场景营销不仅能够给用户带来更加独特和新奇的数字化体验，而且能够推动产品销售业绩上涨。

7.3.3　虚拟技术实现沉浸式营销交互

虚拟营销场景的打造和沉浸式交互的实现为用户带来了新奇的购物体验。当前，增强现实（augmented reality，AR）、虚拟现实（virtual reality，

VR）等虚拟技术已经在营销领域实现应用，为品牌营销开辟了新阵地。

1. AR

在数字经济时代，企业的营销策略需要不断演进，以持续吸引用户的注意力。其中，AR 营销已成为一种革新性的营销手段。AR 营销通过在现实世界中增加虚拟元素，为用户带来互动、沉浸式的体验，从而提高品牌影响力和产品的吸引力。

AR 营销利用增强现实技术，在现实环境中叠加计算机生成的图像、声音或其他感官增强元素。这种技术通常通过智能手机、平板电脑或专门的 AR 眼镜实现。用户通过设备的摄像头看到现实世界的同时，屏幕上会显示虚拟图像，呈现出一种现实世界与虚拟世界结合的效果。

当前，许多品牌已经开始利用 AR 技术来推广产品和服务。其中一个突出的案例是成都太古里的 AR 寻宝活动。太古里是成都市的一个高端购物中心，它通过 AR 技术打造了一个互动寻宝活动，旨在吸引消费者并提升购物体验。

在活动中，消费者需要下载太古里的 App，使用手机摄像头在购物中心内寻找虚拟"宝藏"。这些"宝藏"实际上是太古里购物中心的品牌和产品的购物优惠券。当消费者发现"宝藏"时，他们可以通过 AR 技术与之互动并获取优惠券。

这个活动不仅给消费者带来了有趣的购物体验，还成功地将消费者的在线互动和线下购物行为结合起来。通过这种方式，太古里增强了与消费者的互动，同时也为合作品牌提供了更多的曝光机会。

AR 营销是一种创新的营销策略，不仅为消费者带来了新奇有趣的体验，也为品牌提供了一个独特的互动渠道。它弥合了数字世界与现实世界的界限，为传统营销带来了新的可能性。随着技术的不断进步，我们可以预见，AR 营销将在未来的广告营销和品牌推广中扮演越来越重要的角色。

2. VR

VR 可以将用户带入虚拟世界，打造极致的沉浸式体验，使用户与品牌的关系更紧密。VR 的发展为品牌带来了更多的营销空间，许多品牌借助 VR 技术开辟新的营销场景。

为了推广新款汽车，奥迪中国采用创新的 VR 体验方式来吸引潜在消费者。奥迪中国在多个购物中心和繁华地段设置了专门的 VR 体验区。消费者佩戴上 VR 头戴式显示器，就能进入一个高度逼真的虚拟环境中，体验驾驶奥迪新款汽车的感觉。这种体验不限于视觉效果，还包括声音、振动等多方面的感官刺激，以增强真实感。

此外，VR 体验还特别设计了多个场景和路线，模拟了城市、越野探险等不同的驾驶环境，使消费者能够全面了解奥迪汽车的性能。这种互动式的体验营销不仅加深了消费者对奥迪品牌的印象，还提高了产品的吸引力。

通过创新的 VR 营销策略，奥迪中国成功地将传统汽车展示与现代科技结合，给消费者提供了独特的体验。这不仅使奥迪在竞争激烈的汽车市场中脱颖而出，还展示了 VR 技术在未来营销中的巨大潜力。

下　篇

数字经济赋能产业创新发展

第 8 章

智能制造：重塑制造新优势

当前，数字经济已成为驱动传统制造向智能制造转型的重要引擎。在数字经济背景下，大数据、人工智能等技术的迭代和应用，对智能制造产生了深刻影响。以大数据中心、工业互联网等为代表的新型基础设施不仅是数字经济发展的底座，也为智能制造的发展提供了重要支撑。智能制造变革了生产模式，提高了生产效率，重塑了制造业的新优势。

8.1 智能制造优势明显

智能制造依托于各种智能化的设备和系统，能够实现自动化生产、智能化管理，提高生产效率和质量。在智能制造模式下，企业能够根据用户需求，实现敏捷化产品开发，更好地应对需求变化。

8.1.1 三大变革，智能制造提质增效

智能制造能够从多方面推动制造业变革，实现提质增效。

1. 应用层：自动化生产线

自动化生产线以连续流水线为基础，工人不需要直接操作，所有设备都按照统一的节奏运转。在传感器、控制器、自动化设备、机器人等的支持下，自动化生产线能够大幅提升生产效率。为了跟上智能制造的发展潮流，提升生产效率，许多企业都打造了自动化生产线。

以单车品牌凯路仕为例，其在打造自动化生产线方面进行了许多探索。为了在单位时间内生产更多单车，凯路仕购置了一批自动化焊接机器人。在使用焊接机器人，并辅以原有组装线后，凯路仕每天能生产上万辆单车。

凯路仕能实现生产效率大幅提升的主要原因就是使用了焊接机器人。焊接机器人可以在保证质量的同时加快生产速度，而且可以一直工作。在生产过程中，焊接机器人被分为两组，一组焊接车架，另一组焊接前叉，等全部焊接完毕后再进入涂漆、组装等环节。

在凯路仕的自动化生产线上，全自动的运输带是标配。通过运输带，已经焊接过的车架被送往涂漆、贴标、组装等环节，这样不仅便于工人操作，还可以将垂直空间有效利用起来，增加自行车的产量。

2. 操作层：生产数据自动化

智能制造能够实现生产数据自动化。在生产过程中，企业通过对生产数据的采集和分析，能够实时监控生产线、不同生产设备的状态，以便及时发现异常状况并处理。另外，基于智能化的生产系统，生产中的一些重要事件可以及时传达给管理者，实现透明化、实时化的生产管理。

生产数据自动化采集与分析能够帮助管理者了解生产过程的变化、趋势等，为管理者调整生产计划提供参考，从而优化资源配置，进一步提高生产效率。

3. 网络层："云计算＋物联网＋大数据"助力生产

（1）云计算

制造企业的设备运作、数据管理等，都对计算有巨大的需求。传统上，制造企业依赖于本地计算模式，需要配置服务器、搭建网络架构等，成本高，算力低，制约了智能制造的发展。而借助云计算，制造企业可以按需付费，低成本地满足自身的算力需求。

同时，云计算能够打破工厂中的空间壁垒，提升生产效率。借助云端平台，所有设备可实现统一操作，及时进行数据交互，提升生产的协同性。

（2）物联网

物联网能够从多方面助力生产。在生产过程中，物联网能够通过传感器、无线射频识别等收集生产线数据、物料数据等，帮助管理者监测生产情况。同时，物联网能够融入机器人，提升机器人的自动化水平。这使得机器人可以在需要精密操作的生产环节实现应用，如完成电路板生产、电子零部件生产等。

此外，物联网能够对生产设备进行实时监测，并给出维护提示。这能够降低设备损耗和故障率，提高生产效率。

（3）大数据

在技术当道的时代，大数据已经渗透到生产过程中，例如，通过对海量市场数据、用户数据的挖掘与分析，企业能够洞察用户的喜好、需求以及市场趋势，进而优化产品设计。这能够使生产的产品更符合用户的需求，进而促进销售。

在生产线优化、故障诊断与预测等方面，大数据也展现出巨大潜力。基于对生产线中海量数据的实时分析，管理者能够及时优化生产线、进行设备维护等，从而缩短设备停机时间，提高设备利用率和生产效率。

随着各种新技术的应用成本不断降低，高效的算法、科学合理的方案、强大的硬件不断涌现，将推动智能制造进一步发展。

8.1.2 敏捷开发，设计开发更加灵活

在智能制造潮流下，敏捷开发模式更能适应企业的产品开发需求。敏捷开发聚焦产品的开发设计，强调循序渐进的迭代式开发，能够在实现灵活开发的同时缩短产品开发周期，降低产品开发成本，进一步提高制造效率。

敏捷开发主要分为产品规划、产品开发过程管理、产品运维与运营等环节。产品规划环节分为宏观的战略规划和拆分后的阶段规划。在宏观上，企业要明确产品要达到的战略目标是什么，计划推出怎样的产品组合，走怎样的产品路线，如何调动手中的资源进行战略布局。而落实到每个阶段的实际操作中，企业需要针对产品进行具体规划，构建完整的技术平台，推出公开、透明的协同计划。

在产品开发过程中，企业要明确用户需求优先级，规划需求专题清单、个性清单以及迭代需求清单。产品的初始版本不必完美无缺，因为后续还要进行一系列的迭代优化。

产品上线之后，企业需要进行运营和运维。产品运营主要包括产品、用户、内容、数据运营等内容，企业要持续收集数据反馈，为产品的迭代优化提供参考。产品运维主要包括任务管理、灰度发布、运维监控、成本控制等内容。

在实现敏捷开发的基础上，企业还需要扩大规模，探索规模化的敏捷开发，以挖掘敏捷开发的最大价值。实现规模化敏捷开发需要克服很多困难，例如，有些敏捷开发方法只适用于 7 ~ 10 人的小型团队，而大型团队往往拥有上百名成员，分为几个甚至十几个小型团队。开发人员需要和其他团队的非开发人员在质检、集成、市场运营等环节进行合作和沟通，在这种情况下，敏捷开发项目顺利按期交付的难度很大。

规模化敏捷开发具有复杂性，需要在管理方面构建一致性。这需要多

个团队在进度、范围、目标等多方面对齐，而且要在每个季度都进行规划，明确产品目标及需求优先级。在季度末，要进行当前流程和成果的展示，并制订下一季度的计划。

8.1.3　阿里巴巴：以完善的方案助力智能制造

基于在云计算、大数据、人工智能等方面的技术优势，阿里巴巴为制造企业提供多样化、定制化的智能制造解决方案，帮助企业探索智能制造。阿里巴巴的智能制造解决方案覆盖数字化工厂建设、工业数据中台建设等诸多方面，能够满足不同企业对智能制造的不同需求。

例如，借助阿里云平台，企业可以实现设备、控制系统、信息系统的互联，为智能制造的实现打造完善的基础设施；阿里云智能制造工业大脑解决方案能够在生产过程优化、质量控制提升、设备故障预测等多个方面实现应用，通过引入该解决方案，企业能够实现智能化的生产决策。

2023 年 9 月，阿里巴巴与一汽大众达成合作。阿里巴巴将基于自身的技术优势，推动一汽大众在制造、物流、营销等多环节实现数智化转型。其解决方案包括以下内容：

1. 云边端协同制造架构

阿里巴巴将以云原生、数字孪生等技术为基础，为一汽大众工厂打造云边端协同制造架构。这一架构能够实现数据的就近处理，提高数据互通效率，满足制造对精度、时效性的要求。

2. 智能物流集成解决方案

阿里巴巴将提供覆盖多场景的厂内智能物流集成解决方案，实现物料与产线的无缝衔接。该方案覆盖货架、堆垛、自动导引运输车（automated guided vehicle，AGV）、机器人等，通过自动识别、物流仿真等一系列软件的融合，提升物流效率。

3. 数字化营销与办公

双方将基于阿里巴巴生态资源、阿里云的数字化能力等，整合一汽大众丰富的场景和数据，探索营销和办公新模式。这有助于一汽大众更好地了解市场需求和用户行为，优化营销策略和办公流程。

4. 数字化创作中心

依托阿里云在云计算、AI大模型等方面的技术优势，双方打造了数字化创作中心。该中心有助于双方持续深化合作，推进创新解决方案研发，为一汽大众的数智化转型提供有力支持。

通过此次合作，一汽大众的生产效率和生产质量显著提升，运营成本降低，智能制造水平大幅提升。未来，阿里巴巴将集成数字技术和工具，为更多企业提供定制化方案，助力企业高效生产与运营，推动企业可持续发展。

8.2　多环节落地，实现流程优化

当前，智能制造已经在设计、生产、质检等多个环节中实现落地，推动制造业实现全面的数字化、智能化转型。同时，不少科技企业推出了聚焦制造的智慧化解决方案，为企业的转型提供助力。

8.2.1　设计：确定目标用户需求，设计更聚焦

为了使产品更贴合用户的需求，在产品设计阶段，企业需要做好市场

与用户洞察，了解市场发展态势和用户需求，挖掘市场机会。同时，企业还需要关注行业技术趋势，设计出具有创新性的产品。

想要了解用户需求，企业可以直接与用户互动，例如，通过调查问卷、社交平台讨论或原型测试，企业可以获得更深入的用户见解。将这些信息综合起来，企业就能够在产品开发的早期阶段准确地定位产品，并明确用户的具体需求，从而设计出既符合市场发展趋势又满足用户期望的产品。

在设计研发阶段，华为明确用户需求的方法体现了其作为科技巨头的前瞻性和细致入微的市场洞察力。华为不仅使用传统的市场研究方法进行用户调研，还积极融入最新的数据分析技术和用户参与机制，以确保产品能精准地满足用户需求。

华为进行广泛而深入的市场研究，包括竞争对手分析、市场趋势追踪和用户行为研究。这些研究帮助华为理解不同市场和目标群体的特定需求，以及他们对新技术、新功能的接受度。此外，通过大数据分析，华为能够从海量数据中提炼出有价值的数据并深入分析，以更好地了解用户，如用户对相机质量、电池寿命或操作系统的具体偏好。

华为还重视直接从用户那里收集反馈。通过社交媒体、专门的用户论坛和在线调研，华为积极听取用户的意见和建议。这些反馈通常会直接影响产品设计，如界面的用户友好度、功能的实用性以及手机的外观设计等。

此外，华为还让用户参与产品研发。在某些项目中，华为会邀请用户参与早期产品的测试和评估，确保产品在上市前就已经充分考虑了用户的实际需求和体验感。

通过这些方法，华为能够在研发阶段就准确地把握并响应用户需求，从而设计出既具有创新性又符合市场发展趋势的产品。这种以用户为中心的研发策略，是华为能够在全球市场上保持领先地位的关键原因之一。

8.2.2　生产：柔性生产提升竞争力

在智能制造发展过程中，数字技术在生产领域的落地使得生产过程日益灵活化、智能化，从而催生了柔性生产。

柔性生产指的是在多变的市场环境下，企业能够根据市场需求变化灵活配置资源、调整生产计划，以满足市场需求。柔性生产强调生产的灵活性和适应性，能够根据市场需求、产品特点，灵活调整生产线，实现高效生产。

1. 柔性生产的优势

具体而言，柔性生产具有四个优势，如图8.1所示。

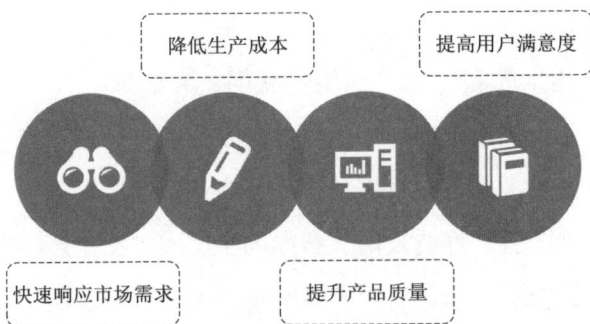

图 8.1　柔性生产的优势

（1）快速响应市场需求。柔性生产使企业能够根据市场需求的变化快速调整生产计划，缩短产品生产周期，提高市场响应速度。例如，通过产品模块化设计、柔性生产线等，企业可以快速推出新产品、进行产品升级，满足用户的多样化需求。

（2）降低生产成本。柔性生产能够优化生产流程和资源配置，减少生产中的冗余环节和资源浪费，提高生产效率，降低生产成本。智能化系统能够实时监测设备的状态并预警故障，减少设备停机时间，降低设备维修成本。

（3）提升产品质量。柔性生产依托自动化检测和数据分析设备与系统，实现了对产品质量的全程精准管控。在实时监测下，企业能够迅速识别并解决质量问题，确保产品质量稳定。

（4）提高用户满意度。柔性生产能够满足用户对产品的个性化需求，提供定制化产品。这种以用户为导向的生产方式能够提升用户的满意度和忠诚度，增强企业的市场竞争力。

2. 柔性生产

企业可以从以下几个方面探索柔性生产：

（1）模块化设计。将产品分解为若干个模块，通过模块的灵活组合实现产品的快速迭代和升级。这有助于企业提高生产效率，快速响应市场需求。

（2）数字化生产和管理。利用物联网、大数据、人工智能等先进技术，实现数字化生产以及对生产过程的数字化管理。基于对各种生产数据的分析，企业能够准确把握生产情况，及时调整生产计划。

（3）柔性生产线。打造灵活、智能的生产线，使生产线能够根据不同产品的生产工艺要求快速调整生产线配置与工艺流程，实现高效生产。

随着技术的发展，柔性生产将变得更加智能，在提升生产灵活性的同时更好地满足用户的个性化需求，提升企业在智能制造方面的竞争力。

8.2.3　质检：智能质检系统融入生产

在产品质检方面，人工智能技术的融入有助于企业打造智能质检系统。具体而言，智能质检系统具有两方面的优势：一方面，具备视觉检测功能的智能质检系统能够自动识别产品的缺陷，如裂纹、划痕或不正确的装配等，保证产品符合标准，提高产品质量；另一方面，智能质检系统可以分析设备运行数据，预测设备故障并发出维修提示。这种预测性维修可以减少停机次数，保障生产顺利进行。

智能质检系统依托于人工智能技术，能够有效避免人工质检可能出现的失误，提高产品质检效率和准确性。这能够保证产品质量，提升用户满意度。

在智能质检方面，百度智能云基于百度工业视觉智能平台推出了智能工业质检解决方案。该方案基于先进的人工智能技术，特别是计算机视觉和深度学习算法，提高了生产质量控制效率和准确性。该方案通过自动化的视觉检测系统，快速、准确地识别和分类制造缺陷，从而帮助企业降低生产成本，提高产品质量。

该方案在很多领域已经实现了落地应用。在电子制造业的电子组件制造和装配过程中，该方案能够检测到微小的缺陷，如焊点不良、元件错位等，从而确保产品符合质量标准。例如，在某品牌手机制造过程中，该方案被用于检测电路板的焊接质量，显著提高了检测速度和准确性。

在汽车制造业中，该方案被应用于车身涂装、装配质量检测等环节，能够精确识别涂层厚薄不均、零部件安装不当等问题。例如，在某汽车企业的制造工厂中，该方案被用于检测车身漆面，有效地减少了漆面缺陷，提升了整车的外观质量，为工厂带来了更多经济效益，强化了该企业的竞争优势。

当前，智能质检在工业制造、食品生产等多个领域实现了广泛应用。未来，随着人工智能技术的发展，智能质检的应用范围将进一步拓展，助力更多产品的生产与质量检测。

8.3　智能制造新动向

在不断深化发展的过程中，智能制造呈现出一些新动向，为企业探索智能制造指明了方向。具体而言，云系统、工业互联网、数字化工厂是很多企业关注的重点，能够实现生产过程数字化与可视化，显著提升生产效率和产品质量。

8.3.1　云系统融入制造，实现自动化生产

生产涉及诸多环节和丰富的数据，这些环节和数据连接能够产生巨大价值，为智能制造提供强有力的支撑。而云系统能够为企业赋能，加强生产中各环节与数据的连接，助力企业实现智能制造。

云系统指的是云计算操作系统，包括云存储和云计算两部分。云存储可以实现各种制造数据云上存储，打破企业内的数据孤岛，实现数据流通。云计算可以对各种制造数据进行统筹和计算，实现统一的数据处理。

著名制造企业徐工集团就实现了制造设备上云，是应用云系统的代表性企业。徐工集团的智能基地仅有数百名工人负责操作，而剩余大部分的工作都由机器人（如焊接机器人、切割机器人和涂装机器人等）完成。徐工集团的机器人十分灵活，可以做到在生产线上自由走动，且不触碰其他物品，工作效率也很高。

由于徐工集团对机器人进行了精细的分工，且生产过程被记录在系统中，因此系统能够根据生产进度自动下达指令。几乎不需要人工参与，机器人只需要按照收到的指令进行操作就可以完成相应的生产流程，产品生产过程实现高度自动化。

徐工集团还创新性地设立了云车间，其内部的调度系统高效管理所有的数控单体设备和集群设备。例如，当车床完成产品加工后，调度系统能

立即接收到信息，并自动安排相应的轨道将产品送往下一道工序。同时，关于该产品的所有工序信息都会被详细记录在数据库中，如加工时间、加工设备等。

在云车间的助力下，工人的角色发生了转变，作为质检员负责检测产品质量。每个工人都配备有一个智能终端系统，该系统能实时显示工人当天需要完成的任务、生产计划等信息。工人可以根据调度系统的指令进行产品检测，确保每一件产品都合格。

徐工集团智能基地中的机器充满了技术"细胞"。这些机器搭载了全球定位系统（Global Positioning System，GPS）、通用分组无线业务（General Packet Radio Service，GPRS）系统、数据库自动识别系统等，这些系统共同构成了一个强大的感知系统。

以往，机器出现故障时，工人需要将照片、视频发给工程师，工程师对故障进行初步分析需要频繁地核对一些信息。现在，机器出现故障时，工程师只需扫描机器上的条码，就能迅速获取所有重要信息，如客户信息、服务商信息、零部件研发、生产信息等，极大地提高了故障处理效率。

总之，云系统的引入显著提升了机器运作的效能，减少生产过程中的人工参与，助力企业打造自动化的生产环境，优化生产流程，提高生产效率和质量。

8.3.2 工业互联网驱动制造，赋能生产

工业互联网能够为智能制造提供强大的数据支撑和通信网络，是驱动智能制造发展的重要基础设施。在工业互联网的助力下，数字技术和智能设备能够融入生产各环节，实现智能化生产。工业互联网对智能制造的助力主要体现在两个方面。

1. 提升效率和响应速度

工业互联网能够整合先进的信息技术、通信技术和工业系统，显著提高供应链的响应速度。它利用传感器和物联网设备实时收集和上传关键数据，如生产进度、库存水平和物流状态，这些数据通过云平台实时共享给供应链上的所有参与者。

利用大数据分析和机器学习，工业互联网可以对数据进行深入分析，预测需求变化，优化库存管理，自动调整生产计划和物料安排。它还能实现货物的实时追踪和监控，确保供应链的透明性。

此外，工业互联网通过自动化和数字化的操作模式，减少人为错误和延迟，提高整个供应链的效率和灵活性。工业互联网能够实现先进技术和模式的集成，使供应链能够更快地响应市场变化，实现更高效和动态的供应链管理。

2. 革新产品面貌，增强竞争力

工业互联网还可以帮助企业开发新产品和业务模式。例如，油漆制造企业可以使用工业互联网驱动的机器视觉设备调配出更加个性化的色调，以此打造独特的竞争优势。

工业互联网的应用将颠覆整个制造业，它不仅有助于解决已有问题，还有助于新产品研发，成为企业实现"智造"的利器。

基于以上优势，不少企业都进行了工业互联网方面的探索。例如，四川长虹电器股份有限公司（以下简称四川长虹）基于工业互联网打造的智能电视大规模定制生产线已经投入使用。

该生产线应用了工业机器人、机器视觉等高新技术，实现了数字化生产。该生产线实现了多方面的集成，如原材料立库、整机生产线、成品立库的集成以及生产管理、质量管理等系统的集成，生产线的效率大幅提升。

该生产线将信息流横向连接前端配套厂、外部供应商等，纵向连接研发、生产、销售等关键环节，实现了多环节信息的互联互通。同时，通过自动化单机设备、立体物流系统，该生产线实现了生产全过程的自主调度、管理以及决策，提升了运营效率。

此外，该生产线延展了多阶段混联离散型生产模式，借助生产信息化系统、虚拟仿真等技术，使多层穿梭车、自动导引运输车等硬件设备协调运行，提升了小批量订单的制造能力，兼顾了个性化定制与大规模生产两方面的需求。

8.3.3 数字化工厂：智能制造新景象

当前，融入数字技术和智能设备的数字化工厂不断涌现，智能制造的发展呈现新景象。很多企业积极行动，通过引入数字技术推进传统工厂的数字化转型，也有一些企业积极兴建新一代数字化工厂，打造智能制造新基地。

近年来，青岛啤酒基于对数字技术、工业互联网的布局，不断深化智能制造探索，打造了业内领先的数字化工厂。

青岛啤酒数字化工厂实现了物联网、人工智能、大数据等智能技术的融合应用，不仅大幅提高了产品的市场竞争力，还兼顾了环境保护。青岛啤酒数字化工厂的具体生产策略如下：

（1）大力开发啤酒生产线上的识别成像技术。青岛啤酒积极开展对外合作，与物联网、人工智能、大数据等领域的先进企业以及科研机构联合，研发出啤酒生产线专用的识别成像技术。该技术系统设置多个摄像头，创新应用了高精准定位、小区域磁浮电机等技术。在实践应用过程中，该技术能够在高速生产线上对存在缺陷的产品进行准确识别。

（2）推动包装工序智能化。啤酒包装是劳动密集型工序，需要大量人力。青岛啤酒的数字化工厂引入先进的智能包装设备，通过智能机器人的铺设以及数据全面驱动，使包装工序实现智能化。这使青岛啤酒的包装生产线效率大幅提高，品种转化时间大幅缩短。

（3）打造智能化分拣平台，实现全流程端到端数据驱动。青岛啤酒数字化工厂打通了供应商平台、制造平台与智能分拣平台，供应商运用高清印刷设备将产品图案与特定二维码印刷在罐身后，将其发至啤酒工厂。然后啤酒工厂进行灌装与智能分拣，打印产品物流码，将产品交付给物流公司，由物流公司将产品运送到消费者手中。二维码是产品数据的重要载体，贯穿整个生产过程和物流过程，基于此形成了数据驱动闭环。

未来，青岛啤酒将持续促进物联网、人工智能、大数据等技术在打造数字化工厂方面的集成应用，带动上下游产业链提升数字化、智能化水平。

8.3.4　小米汽车工厂：制造背后的绿色智能

2024年3月，小米公司正式发布新能源汽车小米SU7，入局新能源汽车市场，成为新能源汽车制造领域的一匹黑马。小米SU7引发广泛关注，其背后的小米汽车工厂也揭开了神秘的面纱。

小米汽车工厂在绿色智能方面进行了深入探索，展现了独特的创新力和绿色发展理念。工厂集研发、生产、销售、体验于一体，内部有研发试验基地和新能源汽车生产车间。

小米汽车工厂的绿色智能体现在以下几个方面：

（1）在绿色生产方面，小米汽车工厂实现了涂装车间的绿色创新。其在涂装过程中大量使用水性环保涂料，挥发性有机物（volatile organic compounds，VOCs）含量远低于传统油性涂料，有效减少了有害气体排放。在汽车空腔注蜡环节，工厂使用VOCs含量更低的高固体分蜡。

（2）在水资源管理方面，小米汽车工厂采用更加环保的废水污染预防技术，大幅减少了废水量，提高了废水处理效率。同时，工厂不仅关注生产废水的处理，还将生活废水与生产废水一起纳入污水站处理，使得厂区废水循环回厂用水比例大幅提高。

（3）在清洁能源使用方面，小米汽车工厂在屋顶布局了广范围的分布式光伏电站。光伏发电有效减少了工厂的能源消耗和碳排放。

小米汽车工厂还引入了多样化的智能制造技术，实现了工厂运作自动化。其在不同车间引入了种类多样的机器人，实现了大压铸、车身连接、车身装配等环节的全自动化。这不仅提高了生产效率，也保证了生产的一致性和稳定性。此外，小米汽车工厂配备了大量高精度自动化检测设备，对各种生产工序进行实时检测。这提高了质检的效率和准确率，为汽车的高质量交付提供了保障。

在制造过程中，小米汽车工厂坚定不移地秉持绿色发展理念与智能化创新策略，引领了智能制造的新趋势。这促使其他汽车制造企业审视自己的发展策略，加大在技术研发、绿色制造等方面的探索，以顺应智能制造新趋势。这有利于驱动汽车制造行业的创新、可持续发展。

第 9 章

数智物流：带来物流效率革命

市场需求多变，物流行业要想实现更好的发展，就需要实现柔性化、低成本运转。降低成本、提高效率成为物流行业持续发展的关键。而在数字经济发展趋势下，融入数字技术的数智物流崛起，通过技术创新、系统优化等实现了物流行业的创新发展。

9.1 新时代下的物流升级

在数字经济浪潮的推动下，物流行业正经历一场深刻的全面升级。物流升级体现在物流体系升级、物流管理升级、物流服务升级等方面，这些方面的升级共同描绘了数智物流的发展蓝图，凸显了数智物流的优势。

9.1.1 物流体系升级，运作自动化

随着市场环境的日益复杂和市场需求的日益多样化，企业对物流效率的要求越来越高，传统的物流体系已经难以满足其需要。在各种智能

设备、智能系统的支持下，物流中各环节都实现了数智化升级和自动化运转。具体而言，新时代下的物流体系自动化升级主要体现在以下几个方面：

1. 仓储自动化

借助人工智能、大数据等技术，仓库管理系统变得智能化、自动化。系统能够实时监测库存水平、预测需求，并优化货物的存储和调度，提高库存利用率和订单处理速度。同时，基于电子标签技术、自动分拣系统等，仓库中的货物分拣、搬运、堆垛等工作都可以交给智能机器人完成，提高了仓库运作的自动化程度和效率。

2. 运输自动化

配送机器人、无人机等智能设备在物流运输中的应用提升了物流运输的自动化程度。这在减少人为干预的同时提高了货物运输的安全性和效率。在运输路径优化方面，大数据和智能算法等技术可应用于运输路径规划，减少不必要的绕路和等待时间，降低运输成本并提高运输效率。

3. 物流信息管理自动化

自动化物流系统基于先进的信息管理系统，能够实现物流信息的全面记录、无缝对接和智能化处理。系统可以自动获取订单信息、库存信息、运输信息等，并进行快速、准确的分析。在供应链协同方面，通过信息共享和业务协同，各方可以更准确地进行需求预测和资源调配，提高供应链的协同效率。

4. 服务自动化

智能客服的应用将提升物流服务的自动化水平。智能客服借助语音识别、逻辑推理、内容生成等技术，能够提供个性化的咨询方案。在售前咨询、售中管理和售后维护等服务场景中，智能客服都能够得到应用，为客户带来更好的服务体验。

总之，物流体系的自动化升级体现在很多方面。这将大幅提升物流效率和服务水平，降低运营成本，推动物流行业的智能化、高效化发展。

9.1.2 物流管理升级，效率大幅提升

物流运输效率是影响用户满意度的重要因素。运输中货物损坏、管理效率低导致交货延迟等都会影响用户满意度，不利于企业的长久发展。而物流管理数智化升级可以有效解决以上问题，提高物流管理效率和质量。

数字经济时代，物流管理的数智化升级主要体现在以下几个方面：

1. 信息基础设施建设日益完善

通过集成仓储管理系统、运输管理系统、订单管理系统，企业的信息系统日益完善，能够实现物流信息实时采集、传输与处理。同时，通过引入物联网、云计算等先进技术，构建物流信息平台，企业能够实现物流资源的优化配置和共享。

2. 物流管理实现可视化、精细化管理

借助物联网、云计算等相关平台与系统，企业能够实现物流全流程可视化管理，实现货物跟踪、运输状态监控等，提高物流服务的透明度和可追溯性。在精细化管理方面，借助大数据和智能算法对物流数据进行挖掘与分析，企业能够充分了解物流体系中运输、仓储、配送等方面的情况，发现潜在的问题和改进空间，进而制定科学的物流管理方案。

3. 供应链协同进一步加强

基于平台和系统的连接，物流供应链中的各方能够实现信息共享和业务协同，实现供应链的透明化、协同化管理。

一些物流企业已经实现物流管理升级，菜鸟就是其中的典型代表。作为业内知名的物流企业，菜鸟借助大数据、人工智能等技术，提高了物流管理的数智化水平，优化了用户体验。

菜鸟大力发展无人仓储技术，大规模无人仓被投入实际运营中。天

津武清、湖北武汉、江苏无锡、浙江嘉兴等地，都有菜鸟无人仓群的部署。菜鸟通过自主研发的系统将这些无人仓群连接起来，实现对仓储环节物流链路的全面把控。

菜鸟采用人工智能分单模式，有效解决传统分单模式下可能出现的分拨层级过多、人力消耗大、分拨时间过长等问题。人工智能技术以及先进的机器深度学习，使菜鸟能够通过装配有智能硬件设备与软件管理系统的自动化流水线实现智能分单。这不仅节省了大量人力、物力成本，还使分单效率大幅提升，使商品能够以最快速度到达用户手中。

在物流作业中，菜鸟推行智能打包算法。该算法能够对商品的体积与外观进行快速计算，在打包作业的现场，帮助工作人员智能选择与商品最匹配的打包箱型。这一算法不仅能够提高工作效率，还节省了包装耗材，有利于物流行业的绿色、可持续发展。

基于数字技术在物流管理中的应用，菜鸟打造了完善的数智化管理体系。这提升了菜鸟的管理效率和竞争力。

9.1.3 物流服务升级，优化用户体验

在传统物流模式下，经常出现爆仓丢包、数据泄露等问题，用户体验不佳。而数智物流能够推动物流服务升级，从多方面优化用户体验，如图 9.1 所示。

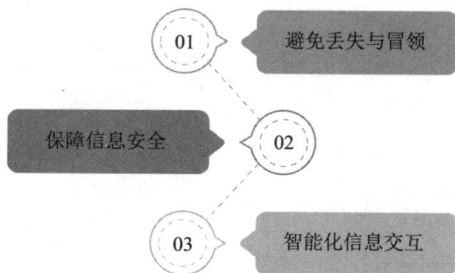

图 9.1 数智物流优化用户体验

1. 避免丢失与冒领

在物流运输的出库、装卸、配送等环节，可能会出现货物丢失、冒领等问题。而借助无线射频识别技术，企业可以实现对物流信息的自动采集、自动识别与追踪，实时了解货物状态。这能够提高物流运输和配送的安全性和准确性，提升用户体验。

2. 保障信息安全

在寄收快递方面，数字技术能够对快递信息进行加密，充分保障用户信息安全。例如，企业可以借助数字技术向用户、快递员等提供快递虚拟号服务，避免用户的真实电话信息被泄露。

3. 智能化信息交互

数字化的物流系统能够通过多渠道沟通的方式，实现用户与物流企业间的互动。用户能够通过手机 App、网页等，了解订单状态、物流轨迹、预计送达时间等。同时，物流企业也会通过短信、电话等方式及时向用户传递订单最新信息，为用户提供贴心的服务。

综上所述，物流行业与数字技术的结合，不仅可以保障用户信息安全、物流运输过程的安全性，还能实现用户与物流企业的信息交互。这些都有助于提升用户体验和用户满意度。

9.2　数智物流的支撑技术

物联网、大数据、云计算、人工智能等是数智物流的支撑技术。在这些技术的助力下，多样化的智慧物流解决方案出现，满足了用户对物流的个性化需求。

9.2.1　物联网：助力物流运输管理

借助传感器、无线射频识别、全球定位系统等多样化的设备和技术，物联网能够实现货物的识别、定位、跟踪等，助力物流运输管理。

在物流行业中，物联网主要应用于以下三个领域：

1. 货物仓储

传统仓储需要人工扫描货物、录入数据，工作效率低下，而且货物位置划分不清晰，堆放混乱，缺乏流程跟踪。将物联网与传统仓储结合起来，打造智能仓储管理系统，可以提高货物的出入库效率，扩大仓库的容量，降低人工成本。同时，还可以实时监控货物的出入库情况，提高交货准确率，及时完成收货入库、拣货出库等工作。

2. 运输监测

通过全球定位系统进行运输流程的可视化管理，企业可以实时监控运输的货物以及车辆，完成全方位的定位和跟踪，了解货物的状态及温湿度情况等。在货物运输过程中，企业应该动态监测货物、司机以及车辆情况等信息，以提高运输效率、降低运输成本与货物损耗，实现物流作业的透明化、可视化管理。

3. 智能快递终端

智能快递柜是一种得到广泛应用的物流终端设备。基于物联网，智能快递柜具有对货物进行识别、存储、监控和管理的功能，与 PC 服务器共同构成智能快递投递系统。将货物送达指定地点并存入快递终端后，智能系统自动向用户发送短信，包括取件地址、取件码等信息，用户可以在24 小时内随时去智能终端取货物，简单、便捷地完成取件操作。

物联网在物流行业的应用，能够助力打造一个物流运输全流程可视的动态运输网络，全方位提升物流运输过程的透明度。

9.2.2　大数据：物流数据深度挖掘

大数据能够实现物流数据采集、挖掘与分析，推动物流数智化发展。具体而言，大数据能够为数智物流提供以下支撑：

（1）在路径优化方面，大数据可以分析道路拥堵情况、车辆运行状况、货物配送地点等信息，提供最优的配送路径。

（2）在仓库管理方面，通过对仓库货物数量、种类、存放位置等数据的监控，大数据能够预测库存需求，及时补货或调拨，避免库存积压或短缺。同时，大数据也能够优化货物分拣和出库流程，提高仓库作业效率。

（3）在物流预测方面，大数据能够通过对历史数据的收集与分析，预测未来的物流需求。这有助于企业提前规划运力，降低物流成本。同时，通过大数据分析，企业能够准确掌握运输资源的分配情况，实现资源的优化配置，避免浪费。

（4）在提升用户体验方面，大数据能够分析用户的行为和需求信息，便于企业提供个性化的用户服务，如定制化配送时间、包装要求等，提升用户体验。

在数字物流探索方面，一些企业已经借助大数据，打造了数智化的物流系统。例如，某物流企业运用大数据技术充分挖掘数据资产的价值，将人、车、货、企连接起来，实现物流配送全面数智化。

货运物流承担着运输生产生活所需基本物资的责任，其中，公路货运承担了大部分的货运量，被称为推动经济发展的"大动脉"。一些12吨以上的重载货车（如半挂车、自卸车）是公路货运的主力军。该物流企业从这些车型入手，将百万级规模的货车信息录入车联网系统，使货车数字化，成为可以流动的数据要素。

该物流企业还在物流运输中收集这些货车的常跑路线、平均货运量、运行轨迹、订单数据等信息，并基于此推出自动监管、超速提醒、轨迹查询等服务，有效提高了公路货运的安全监管水平。

除了将货车数字化外，该物流企业还通过物流科技能力平台盘活人（货车司机）、货（客户的货物运输需求）、企（物流企业和客户企业）等数据要素。基于大数据、人工智能、物联网等技术，这些数据要素被转化为科技能力，如智能调度、运力管理、智能轨迹纠偏、运输时效管理等。根据不同客户的不同运输需求，这些科技能力可以组合成不同的解决方案，为客户提供有针对性的物流运输服务。

通过盘活人、车、货、企等数据，该物流企业实现了物流运输全程可视化管理，既实现了效益、效率提升，又实现了物流运输模式升级。在数字经济时代，物流企业应该重视数据要素，充分挖掘其价值，以大数据赋能物流数智化发展。

9.2.3 云计算：助推物流数智化发展

云计算能够从数据存储、数据分析、流程优化等多方面助力物流数智化发展。具体而言，云计算对物流的助力体现在四个方面。

1. 数据存储与管理

在数据存储与管理方面，云计算能够将计算资源、存储资源等通过互联网提供给用户使用，为物流业务数据的集中存储和灵活扩展提供支持。这不仅降低了企业的 IT 成本，也提高了数据存储的安全性。

同时，云计算能够实现数据备份与恢复。云计算平台提供的数据备份和恢复功能，能够保证物流业务数据的安全性。基于数据的定期备份和快速恢复，企业能够避免因数据丢失或损坏造成的业务中断。

2. 业务流程自动化

云计算能够加速物流业务自动化。

一方面，云计算能够实现订单处理与运单生成。云计算可以将传统的物流业务流程转化为数字化的数据和自动化的流程，实现订单捆绑、运单生成等功能的自动化处理。这大幅提高了订单处理的效率和准确性。

另一方面，云计算能够实现运输跟踪与仓储管理。借助云计算平台，企业可以跟踪运输车辆的位置和状态，以及仓库中货物的库存和流动情况。这有助于企业优化运输路线和仓储布局，提高运输和仓储的效率。

3. 数据分析与预测

云计算平台提供了强大的数据分析能力，能够帮助企业收集、处理和分析各种业务数据，如运输数据、仓库数据等。基于这些数据，企业可以更准确地了解市场需求和业务状况，进行精准决策。

同时，云计算通过对物流业务数据的分析和预测，能够帮助企业实现资源的优化配置。例如，根据市场需求和运输能力等因素，合理调配运输车辆；根据库存情况和销售预测等因素，制定合理的库存策略。

4. 协同与共享

云计算平台能够促进物流行业内部以及物流行业与其他行业之间的信息共享。通过云计算平台，企业可以实时共享运输、仓储、配送等各个环节的信息，实现供应链上下游的协同作业。这有助于优化资源配置，提高供应链的整体效率。

总之，云计算为数智物流提供了多方面的支持。这能够提高物流业务的处理效率和准确性，降低企业的运营风险，推动物流行业的数智化发展。

9.2.4 人工智能：提升物流智能性

在物流管理中，企业需要打造灵活、智能的管理体系，在妥善应对突发事件的同时保证物流运输的稳定性。在这方面，人工智能能够为企业提供助力。

以联邦快递公司（以下简称联邦快递）为例。作为物流行业的代表性公司，联邦快递的物流服务覆盖全球超过 200 个国家，业务规模庞大。联邦快递利用人工智能技术打造了 FedEx Dataworks 平台，用以整合其数字网络，充分收集每个包裹在运输过程中的走向、天气、环境、用户交付地点及日期等全方位的实时数据。

FedEx Dataworks 平台在人工智能的加持下，能够自主分析数据，建立相关模型，为用户提供更为完善的物流方案。在这一过程中，FedEx Dataworks 平台收集了越来越多的数据，同时，人工智能的自适应算法、深度学习等能力促使平台不断优化数据分析报告，为用户提供更加丰富、精准的见解。

联邦快递与一些医疗保健企业合作，利用 FedEx Dataworks 平台为疫苗包裹的运输工作制定专属解决方案，分析并预测网络订单、包裹封装以及运输环境等方面的风险，提供实时信息。

FedEx Dataworks 平台采用包裹指纹解决方案，提供包裹在运输网络中的详细历史记录，帮助企业区分准时和延误的包裹。有了该方案，企业就可以了解包裹何时以及在何处开始偏离预定路线，从而更好地避免包裹送错或延误等情况。

利用人工智能算法构建数智化平台，及时处理物流体系运转过程中产生的实时数据，企业可以归纳导致相关环节出现问题的因素组合，分析不同组合对物流体系的潜在影响，从而预测物流体系在未来一段时间内可能面临的风险和变动。在此基础上，人工智能利用其深度学习能力掌握所有因素组合，分析其出现的可能性，有针对性地提出应对策略，进一步确保物流体系安全、可控。

综上所述，人工智能与物流体系的结合能够提升物流体系的智能性，帮助企业打造具备较高弹性的数字物流体系，使其在市场竞争中占据有利地位。

9.3 "仓运配"多环节数智化发展

数智物流的数智化体现在"仓运配"多个环节。在仓储环节，融合数字技术的智能仓储系统能够提高仓储管理效率。在运输环节，运输平台能够实现对运输过程的智能管理。在配送环节，机器人能够实现高效配送。当前，不少企业已经在数智物流方面进行了探索，积极推动"仓运配"多环节的数智化转型。

9.3.1 仓储：智能仓储系统上线

在仓储环节，大数据、人工智能、物联网等多种技术的综合应用有助于企业打造智能仓储系统。智能仓储系统实现了仓储作业多环节的自动化，大幅提升了仓储效率和准确性。其功能主要包括以下几个方面：

（1）智能仓储系统能够连接各种自动化设备，如自动化货架、输送带、AGV、机器人拣选系统等，可以实现自动搬运、存储和拣选货物，减少人工操作。

（2）中央控制系统是智能仓储系统的核心。它通过集成多种软件来监控和管理仓库的所有活动，包括库存管理、订单处理、货物入库和出库等。

（3）智能仓储系统通过传感器、扫描器和其他设备收集库存水平、货物位置、员工效率等数据。通过分析这些数据，系统可以优化物流流程，提升库存水平。

（4）智能仓储系统能够实时追踪每件货物的位置和状态，确保库存数据的准确性。通过可视化界面，管理人员可以轻松监控整个仓库的运作情况。

（5）智能仓储系统与企业的 ERP 系统、供应链管理系统等集成，可以确保信息流和物流的无缝对接。

（6）利用大数据和人工智能技术，智能仓储系统能够预测未来的库存需求、识别潜在的问题，并提供决策支持，以优化库存和提高效率。

（7）智能仓储系统接入了监控摄像头和其他安全设备，能够监控仓库的安全状况，防止货物被盗窃或丢失。

智能仓储系统通过自动化技术和先进的信息系统，实现了高效、精准的仓储管理，大幅提高了仓储管理的整体效率。

9.3.2　运输：智能运输平台实现高效管理

在运输环节，集成数字技术的智能运输平台能够搭建起灵活的动态运输网络，实现物流运输的高效管理。

以上海先烁信息科技有限公司推出的运输管理云平台 oneTMS 为例，其将货运环节中的制造商、承运商和收货方集中在同一平台，实现供应链的互联互通和物流运输的高效管理。

oneTMS 运输管理系统能够通过算法推荐与智能匹配技术，帮助货主找到符合业务特性的承运商。oneTMS 能够使货主自定义投标准入门槛，获得更精准的承运商。同时，平台数据的沉淀能够使承运商的画像更清晰，便于货主选择。相较于复杂的线下比价方式，oneTMS 可以使货主在线创建、分发价格文件，通过算法实现在线智能比价，提高招投标流程的科学性，从而打造一站式智能化运输服务平台。

此外，oneTMS 能够实现运输过程透明化。司机能够借助车辆 GPS 或手机 GPS 及时在 oneTMS 系统上同步货物状态；客户能够通过 oneTMS 的网页端或手机端，实时追踪物流运输状态，获取真实的物流运输数据。同时，oneTMS能够通过百度地图展示运单周期和路径，并提供预警（如迟到运单预警），从而对货物承运商进行有效约束，使运输管理全过程更加灵活、高效。

此外，货主和承运商能够通过订单类型、时间窗口等灵活的筛选条件一键生成账单，账单数据是基于电子合同执行情况自动匹配订单数据而生成的，任何异常费用、费用调整都会被记录并提示，以确保全流程的合规和透明。

oneTMS的智慧动态运输网络借助移动互联网、智能算法和云计算技术，突破了传统线下运输模式的协同障碍。oneTMS使运输数据、运输过程更加透明，使动态运输网络更加灵活、多变。

9.3.3　配送：机器人实现高效配送

在配送环节，机器人的应用能够大幅降低人力成本，实现货物的高效配送，提升物流效率。

在实际应用中，快递员将需要配送的快递放入配送机器人的小格子，配送机器人就会根据收货人的地址和具体环境自动规划出一条合适的线路。距离目的地较近时，配送机器人会向收货人发送一条信息，信息中包含配送机器人到达的时间与地点，提醒收货人前来取件。如果收货人不方便取件，需要通过指定的App进行反馈，配送机器人会为其规划下一次配送时间，并且再次向其发送取件提醒。配送机器人到达目的地时，会向收货人发送取件码，收货人可以通过取件码收取快递。

配送机器人在配送过程中是相对稳定、安全的，其身上安装了很多传感器，可以360°无死角地感知周围的环境。面对障碍物、车辆、行人，机器人都可以安全地躲过，并且能够准确地判断红绿灯，不会对交通产生干扰。它的增减速切换功能也十分灵敏，不会给人们的出行造成阻碍。

配送机器人拥有数字地图，可以在最短的时间内熟悉周围的环境。在每天工作结束之后，配送机器人会自动前往指定地点进行充电和检查，为第二天的正常工作提供保障。

配送机器人在早期是运用激光感应模式，后来进行完善后采用视觉感应模式，但是在一些恶劣天气下，依旧存在配送问题。随着技术研发的推进，配送问题将逐渐得到改善。目前，配送机器人还处于发展完善中，配送地点不断增多，工作时间不断增加，工作环境从半封闭发展到开放状态。

未来，在不断研发与改进下，配送机器人能够适用于更多的货物配送场景，实现更广范围的普及。

9.3.4　顺丰：打造完善的物流体系

作为业内领先的快递物流综合服务商，顺丰凭借技术优势，打造了覆盖仓储、运输、配送的完善物流体系。

在仓储环节，顺丰打造了融合先进技术与物流信息的智能仓储系统。智能仓储系统具有两大优势：一方面，智能仓储系统通过自动化设备与智能管理系统实现运作，避免了传统仓储运作过程中的人为失误，提高了仓储物流效率；另一方面，智能仓储系统的自动化运作能够有效节省人力成本，从而降低物流成本。

在运输环节，顺丰搭建了庞大的运输网络，包括陆运、空运和铁路运输，能够灵活应对不同的运输需求。利用高度发达的物流信息系统，顺丰能够实时监控运输过程，确保货物安全、高效地运输。通过数据分析和机器学习，顺丰能够优化运输路线，预测并应对潜在的延误问题，从而大幅提高运输效率和时效性。

在配送环节，顺丰聚焦智能配送，推出了便捷的智能配送机器人、无人机等。2023 年 2 月，顺丰推出了商场楼宇智能配送机器人"方糖"。"方糖"能够实现自动化派送、取件码快速取件等功能。在系统中设置好派送任务后，"方糖"就会根据系统提示进行派件。除了商场楼宇场景外，未来顺丰还将在校园、医院、住宅区等多个场景中投放智能配送机器人，提高配送效率和用户体验。

除了智能配送机器人，顺丰还提供无人机配送服务。无人机配送可以避免复杂地形、交通拥堵等因素造成的运输阻碍，大幅提升运输效率。在配送应急药品、应急医疗物资等方面，无人机能够实现快速配送，解用户的燃眉之急。

凭借覆盖多环节的完善物流体系，顺丰能够为用户提供便捷、高效、安全的物流服务。未来，随着技术的发展与应用，顺丰将不断迭代物流服务，为用户提供更好的物流体验。

第 10 章

数字贸易：打造互联互通贸易新生态

作为贸易新趋势和数字经济的重要组成部分，数字贸易快速发展。在数字技术的支持下，数字贸易模式不断创新，呈现出新的发展趋势，释放出巨大的活力与潜力。而随着数字贸易的持续发展，互联互通的贸易新生态逐渐形成，全球贸易迎来进一步的繁荣发展。

10.1 数字引擎打开贸易发展新空间

在数字技术、数字平台等数字引擎的助力下，数字贸易的交易方式更加便捷，交易范围不断拓展，打开了新的发展空间。

10.1.1 数字技术为数字贸易注入新动能

数字技术为数字贸易的发展注入了新动能，推动了贸易的数字化转型，这主要体现在五个方面，如图 10.1 所示。

1. 提升贸易效率

数字技术推动了国际贸易智慧口岸的建设与发展，使企业能够在同一平台上完成报关、报检、税务等多个环节的操作，提高了通关效率。同时，智慧物流云平台通过集成多维度的物流大数据，实现了物流信息的实时跟踪和路径优化。此外，数字技术和智能化手段简化了贸易流程中的烦琐环节，如订单处理、物流追踪、支付结算等。这些都提升了贸易效率。

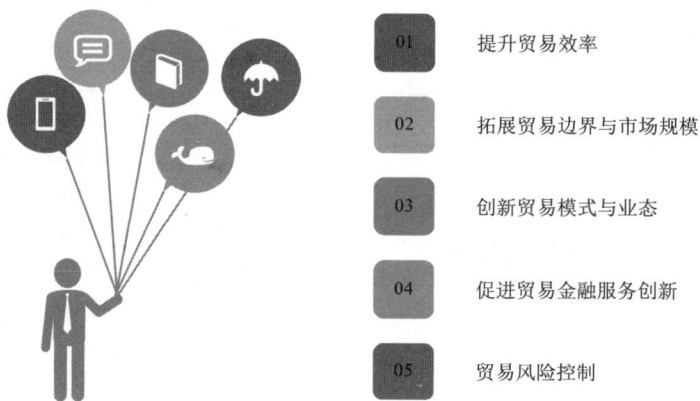

01	提升贸易效率
02	拓展贸易边界与市场规模
03	创新贸易模式与业态
04	促进贸易金融服务创新
05	贸易风险控制

图 10.1　数字技术对数字贸易的驱动

2. 拓展贸易边界与市场规模

互联网的发展以及数字技术的应用使得数字贸易能够跨越地理界限，实现全球范围内的无缝连接。这意味着除了大型贸易企业外，中小企业也能够轻松进入国际市场，与全球用户进行交易。这种全球化的市场接入拓展了贸易边界，促进了市场规模的快速增长。

3. 创新贸易模式与业态

数字技术催生了新的贸易模式和业态，如跨境电商、数字服务贸易等。跨境电商平台利用互联网技术，为用户提供更加便捷、丰富的购物体验，为企业提供了更广阔的市场空间。数字服务贸易则涵盖了云计算、大数据、人工智能等新兴领域，为数字贸易的发展注入了新的动力。

4. 促进贸易金融服务创新

数字技术推动了贸易金融服务的创新。区块链、人工智能等技术的应用，使得贸易融资、保险、支付结算等金融服务更加智能化、便捷化，降低了贸易金融服务的成本，提高了服务的效率和安全性，为贸易双方提供了更加优质的金融服务体验。

5. 贸易风险控制

数字技术能够为贸易活动风险控制提供有力支持。通过大数据分析和人工智能技术，企业可以实时监控贸易活动中的异常情况，及时发现并处理潜在的风险。同时，借助数字技术，企业能够建立起更加完善的风险管理体系，提高应对市场变化的能力。

综上所述，数字技术能够从多方面推动数字贸易发展。未来，随着数字技术不断发展和应用的深化，数字贸易将持续增长，推进数字经济的繁荣。

10.1.2 数字平台加速数字贸易发展

1. 数字平台在推动数字贸易发展中的作用

数字平台在推动数字贸易发展方面起到了重要作用，这主要体现在促进贸易方式创新、拓展贸易范围、推动产业升级等方面。

（1）促进贸易方式创新。数字平台通过数字化手段改变了传统贸易的运作方式，使得贸易流程更加透明、高效。例如，跨境电商平台使用户可以直接与海外商家进行沟通并购买商品，缩短了交易链条，降低了交易成本。

（2）拓展贸易范围。数字平台打破了地理界限，使得全球范围内的商品和服务能够更加便捷地流通。无论是大型企业还是中小型企业，都能够通过数字平台参与全球贸易，拓展海外市场。

（3）推动行业升级。数字平台的发展推动了贸易行业的数字化转型，催生了新的商业模式和服务模式。例如，云计算、大数据、人工智能等技术在数字平台中的广泛应用，为数字贸易提供了强大的技术支持。

2. 数字平台的分类

从类型上来看，数字贸易中的数字平台可分为三类。

（1）跨境电商平台。跨境电商平台是数字贸易发展的重要载体，通过提供线上交易、跨境物流、支付结算等一站式服务，为用户带来便捷的购物体验。

（2）数字贸易综合服务平台。数字贸易综合服务平台提供贸易撮合、物流运输、支付结算等基础服务，同时通过数据分析、信用评估等手段，为贸易双方提供精准、高效的服务。例如，一些平台通过大数据分析，帮助商家精准定位目标受众群体，提高营销效果。

（3）数字金融服务平台。数字金融服务平台提供跨境支付、融资担保、保险理赔等服务，为数字贸易提供强有力的金融支持。这些平台通过数字化手段，降低了金融服务的门槛，提高了金融服务的效率和覆盖范围。

随着数字技术不断发展和创新应用不断涌现，数字平台将进一步加速数字贸易发展。未来，在持续的技术创新和模式创新下，数字平台将推动数字贸易实现高质量发展。

10.2　数字贸易新趋势

随着数字经济的深化发展，数字贸易呈现出智能化、精准化、绿色化的发展新趋势。这在重塑全球贸易格局的同时，也促进了数字经济的可持续发展。

10.2.1　数字贸易智能化，提升购物体验

在数字技术的赋能下，数字贸易朝着智能化的方向不断发展，并通过一系列的技术创新，为用户带来优质、个性化的购物体验。

1. 智能推荐系统

智能推荐系统通过深度学习和分析用户行为，为用户提供更加个性化、精准的商品推荐。其能够分析用户的浏览历史、购买记录、偏好等信息，从而预测用户的潜在需求，并推送相关商品。这能够更精准地满足用户的独特需求，提升用户的购物满意度。

2. 虚拟试穿与试妆

借助 AR、VR 等技术，很多电商平台都推出了虚拟试穿和试妆功能。这使得用户能够在下单前在线上试穿各种服饰、体验化妆品的使用效果，减少犹豫和退换货。同时，通过直观对比商品尺寸、穿搭效果等方面，用户能够更快、更精准地找到自己喜欢的商品。

3. 线上线下无缝融合

借助互联网、物联网等技术，数字贸易实现了线上线下融合。用户在线上购物后，可以选择线下门店自提、线下试穿等。多元化的购物渠道能够满足用户在不同场景中的购物需求，提升购物体验。

4. 智能购物助手提供优质服务

智能购物助手依托于生物识别技术，刷脸支付、指纹支付等广泛应用于数字贸易支付和结算领域。这降低了密码泄露的风险，同时提升了支付的便利性。

在贸易智能化方面，阿里巴巴持续发力，通过一系列技术成果优化用

户体验。以其旗下电商平台淘宝为例，除了文字搜索外，淘宝还基于图像识别和搜索技术，让用户能够通过图片搜索找到心仪的商品。同时，融入大数据和人工智能技术的智能推荐系统能够分析用户的搜索行为、购买历史等数据，为用户精准推荐相关商品。

在购物过程中，淘宝中的智能客服能够为用户提供商品咨询、商品推荐、售后问题处理等服务，针对用户的问题快速给出解决方案，提升用户满意度。

在支付方面，淘宝推出了支付宝支付、网银支付、找人代付等多种支付方式，并不断优化支付流程。用户能够根据自己的需求，选择合适、安全的支付方式。

在物流方面，淘宝与多家物流公司合作，提供优质、高效的物流服务。用户可以随时查看订单状态、物流信息等，享受便捷的物流体验。

此外，淘宝还打造了多元化的购物场景，如通过整合社交元素，打造社交电商场景；推出直播购物功能，打造直播销售场景等。这使得购物更加便捷。

阿里巴巴秉持持续优化和创新的精神，不断探索数字贸易的新技术和新场景，通过技术创新和服务优化，提升用户的购物体验。这在维护用户的同时也深化了阿里巴巴在贸易智能化方面的发展。

10.2.2 贸易营销精准化，提升转化

在数字贸易浪潮下，贸易营销经历了前所未有的变革，一大表现就是更加精准化，有效提升了营销转化率。贸易营销精准化主要体现在以下五个方面：

1. 精准的用户定位

借助大数据技术，企业能够收集、分析大量用户数据，进而绘制完善

的用户画像，明确用户定位。

2. 个性化的营销策略

通过数据分析，企业能够对市场进行细分，识别出具有相似行为和需求的用户群体，并针对这些用户制定个性化的营销策略。个性化的内容营销能够更准确地触达用户的兴趣点，提高营销内容的接受度和转化率。在多渠道触达方面，企业可以通过电子邮件、社交媒体、App 等多种渠道，向目标用户传递信息，确保信息能够覆盖多个触点。

3. 高效的互动与反馈

基于数字化的贸易营销平台，企业可以与用户进行实时互动，快速响应用户的咨询与反馈，及时为用户提供服务和支持。

4. 可衡量的营销效果

在数字贸易营销过程中，企业能够追踪营销活动的全过程，了解曝光量、点击率、转化率等关键指标，并通过对比营销投入和产出，评估营销活动的投资回报率。

5. 灵活的营销策略调整

基于营销效果评估，企业可以不断优化营销策略，提高营销效果。同时，基于对市场数据的监控和分析，企业能够根据市场变化快速调整营销策略，使营销策略始终符合市场需求。

数字贸易营销精准化发展使得数字贸易在复杂的商业环境中更具适应性和竞争力。企业能够通过精准的营销策略，实现个性化推送，优化用户体验，提升贸易的转化率。

10.2.3　数字贸易绿色可持续发展

当前，绿色可持续发展理念已融入数字贸易。在产品设计方面，越来越多的企业开始注重产品的绿色低碳设计，通过优化产品设计，减少资源消耗和环境污染。例如，使用可回收材料、提高产品能效等。

在供应链管理方面，越来越多的企业开始借助数字化手段，推动供应链的绿色转型。例如，通过优化供应链各环节，减少浪费和污染，提高资源利用效率；推动供应链上下游企业共同探索绿色生产和绿色管理等。

在贸易平台方面，不少企业都积极搭建绿色贸易平台，建立绿色产品专区，引导用户购买绿色产品。这些平台通过提供绿色产品和服务，推动了数字贸易的绿色可持续发展。

数字技术为贸易的绿色可持续发展提供了支撑。企业可以利用大数据技术，对贸易数据进行深度挖掘和分析，发现绿色发展的潜在机会和挑战。例如，企业可以分析用户对绿色产品的需求趋势，为研发和生产绿色产品提供数据支持；借助智能算法和机器学习技术，企业可以优化贸易流程，降低能耗和排放。

当前，许多企业都在探索绿色化发展。以宝洁为例，作为全球知名的日化企业，宝洁一直致力于绿色供应链管理和可持续发展。

在绿色供应链管理方面，宝洁建立了可持续发展团队，对供应商进行环保合规评估及排污检测，确保供应链的绿色环保。

在产品绿色化方面，其借助产品生命周期管理（product life management，PLM）系统进行产品管理，记录产品的原材料、配方等信息，确保产品设计符合绿色可持续发展目标；借助生命周期分析（life cycle assessment，LCA）进行产品全生命周期评价，指导材料选择和产品设计改进。

在绿色包装方面，宝洁推出电商直发包装，取代了传统的运输箱、填充保护材料等，减少了包装材料浪费，同时推动可重复使用循环包装箱的使用，并搭建了循环包装回收网络。

通过以上努力，宝洁有效减少了供应链中的碳排放和环境污染，提升了产品的市场竞争力，赢得了用户的认可。

未来，随着技术的发展、企业的探索等，数字贸易的绿色可持续发展趋势将进一步深化。除了产品生产、供应链管理等方面外，绿色可持续理念将覆盖数字贸易全过程。

10.2.4　亚马逊：多方面的数字贸易探索

亚马逊从多个方面进行了数字贸易探索，有力推动了全球数字贸易的发展。

首先，作为实力强劲的云计算服务提供商，亚马逊云科技为广大企业提供云服务支持，帮助企业实现业务重塑，提升业务竞争力。同时，通过系统性的数字化解决方案，亚马逊云科技能够为企业数字化转型、企业出海等提供技术支持。这让更多企业得以进入数字贸易市场。

其次，亚马逊积极推动跨境电商模式创新，为更多企业布局跨境电商业务提供便利。亚马逊提出了直接给买方（direct to buyer，DTB）新型跨境 B2B 商业模式。该模式省略了交易中的诸多环节，让商家直接触达全球用户，帮助出海企业打造新型外贸模式。同时，亚马逊面向全球开放了多个站点，为商家提供广阔的出口市场。借助亚马逊平台，商家可以将产品销往全球，提升销量和利润。

最后，亚马逊十分关注经济可持续发展，并制定了可持续发展目标，计划在 2025 年实现全球基础设施全部使用可再生能源。同时，亚马逊在多地布局了可再生能源项目，推进可再生能源的使用，如位于山东的 100 兆瓦太阳能项目、位于澳大利亚新南威尔士州的 105 兆瓦太阳能项目等。

通过在技术服务、跨境电商平台、可持续发展等方面努力，亚马逊不断推动全球贸易的数字化、可持续发展。这为更多企业参与全球贸易提供了平台和渠道，助推了数字贸易的繁荣。

10.3　跨境电商助推国际贸易发展

跨境电商为企业提供了一个直接面向全球用户的销售渠道，降低了企业进行国际贸易的成本。基于跨境电商平台的支持，企业能够提高贸易转化率，推动国际贸易的发展。

10.3.1　跨境电商成为国际贸易增长引擎

当前，跨境电商已经成为国际贸易增长的重要引擎，在推动贸易规模增长、经济全球化发展等方面发挥着重要作用。跨境电商对国际贸易发展的促进作用体现在以下四个方面：

1. 驱动贸易规模扩大

借助互联网平台，跨境电商打破了传统国际贸易的地域限制，使得企业能够直接面向全球用户，极大地拓展了市场边界。这种跨越国界的市场拓展方式，为国际贸易的发展提供了新的增长点。

根据海关总署发布的数据，2024 年上半年，我国货物贸易进出口总值达 21.17 万亿元，同比增长 6.1%。其中，跨境电商进出口总额的增长速度远超整体外贸增速，成为推动贸易规模增长的重要力量。

2. 促进贸易结构优化

跨境电商减少了传统国际贸易中的多个中间环节，使企业能够直接面向终端用户。这不仅降低了交易成本，还提高了交易效率，有助于优化贸易结构。

同时，跨境电商的兴起促进了外贸企业向数字化、绿色化方向转型升级。企业为了满足跨境电商平台对商品品质、物流效率等方面的要求，不断提升自身的生产能力和管理水平，从而推动了外贸产业升级。

3. 提升贸易便利化水平

跨境电商的发展推动了海关、税务等部门在通关、缴税等方面的便利化改革。例如，中国（杭州）跨境电子商务综合试验区通过推出多项便利化措施，如跨境电商进口税款电子支付、跨境电商保税进口商品跨关区退货试点等，有效提升了通关效率。

跨境电商的快速发展带动了全球物流体系的完善。各大跨境电商平台纷纷加强与物流企业的合作，推出高效、便捷的物流服务，如海外仓、直邮等，提高了跨境电商的物流效率。

4. 推动经济全球化进程

跨境电商的发展促进了各国之间的贸易往来和经济合作。企业通过跨境电商平台开展国际贸易活动，不仅实现了商品的跨国流通，还促进了技术、资金、人才等生产要素的跨国流动，加深了国际经济合作的深度和广度。

同时，随着跨境电商的快速发展，各国政府和国际组织加强对跨境电商的监管和规范，通过制定和完善相关贸易规则和标准，如跨境数据流动规则、电子商务税收规则等，促进了全球贸易规则的完善。

综上所述，跨境电商在推动国际贸易发展方面发挥了重要作用。随着技术的不断进步和市场的持续拓展，跨境电商将继续保持快速发展的态势，为国际贸易的发展作出更大贡献。

10.3.2　抓住时代趋势，深化企业发展

数字经济时代，在跨境电商持续繁荣的趋势下，企业需要积极应对其中的机遇和挑战。具体而言，企业需要做好以下几个方面：

1. 提升数字化运营能力

（1）企业需要利用大数据、人工智能等先进技术，构建数字化运营体系，实现精细化运营，同时通过数据分析，了解用户偏好，优化产品结构和营销策略，提升市场竞争力。

（2）企业需要加强信息化平台建设，实现订单处理、库存管理、物流配送等环节的自动化和智能化，提高运营效率。

2. 优化供应链管理

在供应链协同方面，企业需要利用数字技术实现供应链上下游企业协同，提高供应链的透明度和响应速度，通过信息共享提高物流效率。

在打造绿色供应链方面，企业需要关注环境保护和可持续发展，推动供应链中包装、物流等环节的绿色转型。

3. 创新商业模式

企业可以借鉴"保税+实体新零售"的模式，创新运营机制，通过线上线下融合的方式，提升用户购物体验。利用数字经济带来的全球化机遇，企业可以积极拓展多元化市场，通过跨境电商平台将商品销往世界各地。

4. 加强品牌建设

企业应注重打造自身品牌，明确品牌定位，加强品牌宣传，并通过提供优质的产品和服务，塑造国际化品牌形象。

5. 注重人才培养和引进

（1）企业需要加强内部培训，提升员工的数字化能力，深化员工对国际贸易的认知，将更多员工培养成具备国际贸易专业知识、了解贸易文化和法律、具备数字化能力的复合型人才。

（2）企业需要积极引进高端人才，特别是具备数字化运营能力和国际化视野的人才。这些人才的加入能够提升企业的竞争力，推动企业实现可持续发展。

6. 加强国际合作与交流

企业应积极寻求与其他国家企业的合作，共同开拓市场，实现共赢。企业可以通过参加国际展会、建设海外仓等方式，加强国际交流与合作。

此外，企业还应关注数字经济与跨境电商发展带来的挑战。当前，数据安全、隐私保护等问题日益突出，企业需建立健全数据安全管理体系，确保用户信息和交易数据安全。同时，企业要加强对市场的研判和预测，以应对可能出现的风险。

10.3.3　京东国际：多维度助力跨境电商

京东国际是一个进出口商品一站式消费平台。依托在供应链和技术方面的优势，京东国际采取多项举措推动跨境电商的发展。

1. 数智化供应链建设

在仓储布局方面，京东国际拥有近90个保税、直邮和海外仓库，覆盖世界范围内的多个国家。这能够提升供应链效率和商品丰富度，降低商品成本。同时，京东国际在多个国家设立了直采中心，提升了商品采购效率，满足了用户的全球选货需求。

2. 数智化交易平台建设

京东国际拥有成熟的智能算法，能够以人货精准匹配助力商家商品销售。同时，其能够为商家提供智能、高效的运营与营销工具，降低商家的经营门槛，让商家能够在平台上更轻松地经营。

3. 数智化运营履约能力建设

京东国际依托京东自建的物流仓储和配送团队，以及开放平台的物流履约模式，为用户提供高效、优质的服务。同时，在正品鉴定方面，京东国际正品版本数据库收录的商品达到百万量级，鉴别能力覆盖多个品类，并与多家权威检测机构合作，不断提升查验鉴别能力。

4. 业务模式创新

在业务模式创新方面，京东国际推出了以下服务：

（1）"一件代发"服务。该服务为中小跨境电商平台、服务商及商家提供低成本整合上下游渠道的能力,以减轻库存压力,实现库存快速周转。

(2)"国家馆"与"官网同购"。这两项特色业务直接连接海外优质零售商,采用直采直邮模式,为用户提供同品同质同价的商品。

(3)免税业务与线下门店。京东国际与免税持牌企业合作,开设线上免税及免税会员购店铺,并在三亚、西安等地开设线下免税门店和跨境体验店,打造全渠道一体化免税购物新通道。

除了以上几方面外,京东国际还积极参与进博会活动,在京东"百亿补贴"活动中联合商家对商品进行补贴等,帮助商家打开市场并促进商品销售。

第 11 章

智慧金融：激发金融领域无限可能

在互联网和金融科技的支持下，金融行业在业务流程、客户服务等方面实现了智慧化变革。智慧金融能够为客户提供更好的金融服务，为数字经济的高质量发展提供支撑，而数字经济的发展也进一步驱动智慧金融技术与服务创新，推动智慧金融深化发展。

11.1　智慧金融引领产业发展

在金融智慧化发展的趋势下，金融科技的迭代驱动了金融创新。同时，普惠金融实现了快速发展，得以覆盖更多领域。

11.1.1　金融科技驱动金融创新发展

金融科技是基于大数据、人工智能等先进技术，应用于金融各领域，驱动金融服务创新的科技。随着数字技术的发展，金融科技也实现了迭代，并已在移动支付、信贷、理财等方面实现了应用。

金融科技给金融行业带来的创新主要体现在两个方面：

一方面，金融科技变革了金融服务的模式。传统金融服务往往需要线下人工操作，而金融科技借助数字化的方式，让金融服务变得更加便捷。例如，移动支付、在线银行等金融服务形式的创新，让客户能够随时随地进行支付、转账。

另一方面，金融科技的发展催生了多元化的金融服务，如智能信贷服务、智能投顾服务等。借助金融科技对客户需求与行为进行分析，金融机构能够打造出个性化的金融服务，满足客户的个性化需求。

此外，金融科技也能够推动金融服务的普惠发展。以往由于金融机构网点的限制，一些偏远地区客户的金融需求难以得到满足。而金融科技通过移动支付、网上银行等打破了金融服务的范围限制，提高了金融服务的普惠性。

金融科技的发展加速了金融行业的创新。随着金融科技的发展，越来越多的金融机构开始重构业务模式，创新金融服务，如打造智能风控系统、推出基于人工智能的智能金融客服等。同时，越来越多的金融机构开始聚焦金融服务普惠化，以数字化手段提升金融服务的便捷性，降低金融服务的门槛。

未来，随着金融科技不断发展，其将融入金融业务的各个环节，为金融机构在数字化转型、金融产品创新、智能风控等方面的探索提供助力。

11.1.2　普惠金融实现高质量发展

在智慧金融发展潮流下，金融科技对金融业务的变革持续加深，普惠金融实现了高质量发展。

1. 金融服务覆盖面不断扩大

随着智慧金融的发展，大数据、人工智能等技术逐渐融入金融业务，打破了传统金融服务的时空限制，使得偏远地区的客户也能享受到便捷的金融服务。这极大地提升了金融服务的可得性和覆盖面。

同时，数字支付、移动银行等的兴起降低了金融服务的门槛，使得更多小微企业、个体工商户等能够便捷地获取金融服务。这有助于提升金融服务的普惠性。

2. 金融服务的质量不断提升

智能客服、自动审批系统等自动化、智能化工具在金融领域的应用，大幅提高了金融服务的效率。同时，借助大数据分析，金融机构能够深入了解市场需求，推出个性化、创新性的金融服务。这些都提升了普惠金融的服务质量。

2024年5月，浦发银行推出了"智·惠·数"普惠金融服务体系，以数据为基础，通过全方位的金融供给，为小微企业提供精准服务。该普惠金融服务体系从多维度出发，扩大普惠金融服务的覆盖面，助力小微企业发展。

在金融产品方面，浦发银行以"惠闪贷""惠链贷"等产品为基础，结合不同场景，为客户提供个性化的金融服务。"惠闪贷"是一款全在线、无抵押的小额贷款产品，能够实现快速审核和审批，满足客户多场景的融资需求。"惠链贷"是一款面向供应链上下游的产品，为绿色、"三农"、产业链生态提供服务。

在专营服务体系方面，浦发银行打造了总分支联动的服务体系，在总行层面成立普惠金融部，在分行层面成立小微及个人贷款中心，同时推出小微特色支行，以集中、高效的服务，快速响应客户需求。

在数字赋能方面，浦发银行发挥数据要素的价值，搭建了"百灵隼"营销平台，以精准识别客户需求。同时，浦发银行建立了"数智普惠"生态联盟，携手各方伙伴为普惠客户提供多样化的金融服务。

未来，随着技术的进步和金融机构的持续探索，普惠金融将进一步发展，为更多客户提供个性化服务。

11.2   智慧金融激发新业态

在智慧金融蓬勃发展的态势下，金融行业涌现了很多新业态。支付、结算的数字化和数字银行的兴起使得金融服务更加便捷，客户足不出户就能够享受各种金融服务。

11.2.1   支付、结算数字化

智慧金融驱动支付、结算的数字化进程持续加速，给客户带来高效、便捷的支付体验。支付、结算数字化具有以下四大优势：

（1）便捷性。数字化支付和结算方式打破了时间和空间的限制，客户可以随时随地进行交易。

（2）高效性。通过自动化和智能化的处理流程，支付和结算的速度大幅提升，降低了交易成本和时间成本。

（3）安全性。先进的加密技术和风险控制模型保障了支付与结算的安全性，减少了欺诈和错误交易的发生。

（4）个性化。数字化支付和结算方式能够根据客户的交易习惯和需求，提供个性化的支付和结算服务，提升了客户体验和满意度。

当前，商业银行纷纷推出网上银行、手机银行等数字化支付工具，使客户可以随时随地进行转账、支付、查询等操作。支付宝、微信支付等第三方支付平台也通过不断创新和优化，为客户提供更丰富、更便捷的支付服务。

未来，随着物联网、区块链、人工智能等技术的发展和应用，支付、结算系统将更加智能化、自动化。而支付、结算数字化也会进一步降低金融服务的门槛，提高金融服务的普惠性。

11.2.2 数字银行提供便捷化服务

数字经济时代，金融机构的数字化转型对经济增长的重要性日益凸显。而随着银行的数字化转型，数字银行逐渐兴起。

作为一个利用数字技术为客户提供金融服务的平台，数字银行显著提升了银行的金融服务水平，为客户带来了更多便利。数字银行主要有以下四种功能：

1. 便捷的账户管理

借助数字银行，客户可以轻松地进行账户管理，包括线上汇款、转账等。这避免了客户线下奔波的麻烦，使他们能够更加高效地管理自己的资产。

2. 线上支付和转账

通过数字银行，客户可以轻松完成线上支付和转账，无须携带现金或信用卡，这简化了支付流程，使金融交易安全。

3. 贷款和信用卡服务

数字银行为客户提供便捷的信用卡申请服务，简化操作流程，加快审批速度。客户还可以通过电子银行管理信用卡账户，随时查看消费记录和还款情况。

4. 线上投资和理财

数字银行为客户提供丰富的线上投资和理财选择。客户可以便捷地进行各类投资操作，同时系统还会根据客户的财务状况为其推荐合适的理财方案，帮助客户更好地实现资产管理和增值。

总之，数字银行借助大数据、人工智能等先进技术，为客户提供个性化的金融服务，实现了传统银行的突破和创新。通过不断改变来适应市场趋势，数字银行将获得更广阔的发展空间和无限的可能性。

11.2.3 微众银行：数字银行的先行探索者

作为业内领先的数字银行，微众银行持续加强对金融科技的探索，为小微企业和大众提供多样化的金融服务。

一方面，微众银行在人工智能、大数据、云计算等数字技术研究与应用方面进行攻关，持续进行业务创新。

例如，微众银行基于开放蜂巢 Openhive 技术，构建了分布式银行系统架构。该架构能够帮助微众银行以较低的成本支持海量客户规模与更高的交易量，同时能够满足业务对高可用性、低风险的要求。

同时，微众银行在金融科技开源方面也进行了探索。对内，微众银行建立了包括组织架构、流程制度、工具平台在内的开源治理体系；对外，微众银行在人工智能、云计算等多个领域推出开源项目。通过打造开源生态，微众银行实现了金融科技成果共享，助推整个金融行业发展与变革。

另一方面，自成立以来，微众银行持续在普惠金融方面深耕，推出了多款普惠金融产品，为个人客户和企业客户提供支付、存款理财、小额信贷等服务。

针对个人客户，微众银行推出了消费贷款产品"微粒贷"，为个人客户提供小额信用贷款服务。针对企业客户，微众银行推出了无抵押的企业流动资金贷款产品"微业贷"，打造了小微企业信贷模式，为小微企业的发展提供资金支持。这些金融产品降低了金融服务的门槛，让更多有需求的个人和企业能够享受信贷服务，促进了普惠金融的发展。

微众银行的金融科技探索推动了普惠金融的商业可持续性发展，并且通过技术开源降低了金融科技的应用门槛，推动了金融产业的变革。其在金融科技与普惠金融方面的探索为数字银行的发展树立了典范。未来，随着微众银行的持续探索，其将为金融行业注入新活力，推动金融行业的智慧化发展。

11.3　金融服务智慧化

在金融科技的赋能下，多样的智慧化金融服务不断涌现，如智能信贷、智能投顾、智能金融客服等。这为客户提供了多方面的便利，进一步优化了客户体验。

11.3.1　智能信贷：技术驱动的信贷系统

当前，不少金融机构借助大数据、人工智能等先进技术，搭建了技术驱动的智能信贷系统。相较于人工参与环节众多、流程烦琐的传统信贷系统，智能信贷系统实现了流程的精简优化，更加高效。具体而言，智能信贷系统的优势体现在以下三个方面：

1. 运作更加高效

基于大数据、人工智能等技术，智能信贷系统实现了贷款申请、资质审核、放款审批等全流程自动化处理。这大幅缩短了审批时间，提高了审批效率。例如，智能信贷系统能够借助自然语言处理技术自动解析贷款申请材料，并借助机器学习算法对申请人的信用历史、工作稳定性等进行自动评估，实现贷款申请快速审批。

2. 保证信贷安全

智能信贷系统能够通过多维度数据分析、风险评估模型等，对申请人进行精准画像和风险评级。这有助于金融机构在放款前及时发现潜在风险，并采取相应的防控措施。在放款后，智能信贷系统会对借款人的信用状况、还款情况等进行实时监控。一旦发现异常情况，系统就会立即通知相关人员进行处理，避免风险进一步扩大。

同时，智能信贷系统也会对金融数据、客户数据等进行严格的数据加密和安全防护，保证交易数据、客户数据的安全性。

3. 提供定制化服务

智能信贷系统能够为客户提供定制化的金融服务。一方面，智能信贷系统通过收集与分析客户数据，为金融机构提供精准的客户画像，便于金融机构更好地了解客户需求，进而打造个性化的信贷产品；另一方面，根据客户的信用状况、收入水平、消费需求等，智能信贷系统能够为客户提供定制化的放款方案，实现贷款额度、利率、还款期限等方面的个性化设置，以满足客户的多样化需求。

借助具备以上诸多优势的智能信贷系统，金融机构能够实现服务优化，为客户提供便捷、安全、定制化的信贷服务。

11.3.2 智能投顾：为客户提供个性化服务

金融科技与投顾业务的结合催生了智能投顾。基于大数据、人工智能等技术，并结合现代投资组合理论，智能投顾为客户提供智能的个性化财富管理服务。其能够通过对客户财务状况、风险偏好等因素的分析，为客户量身定制投资组合，提供科学的投资建议。

智能投顾能够通过分析客户历史投资行为、与客户沟通等方式，对客户的风险承受能力、投资偏好进行评估。根据评估结果，智能投顾会运用现代投资组合理论，给出包含多种资产类别、符合客户个性化偏好的投资组合建议。

同时，智能投顾还能够向客户普及投资知识、解释投资策略、分析市场动态等，并为客户提供个性化的咨询服务。这能够帮助客户深入了解投资策略、市场动态，解答投资疑问，为客户的投资决策提供支持。

在智能投顾探索方面，九方财富携手华为云和科大讯飞，推出了一款证券投资数字人产品——九方智能投顾数字人。在华为云 AI 算力云平台、科大讯飞"讯飞星火认知大模型"以及具备丰富证券知识的九方特色知识库的赋能下，九方智能投顾数字人通过大模型进行证券行业知识训练，具备强大的语言理解与生成能力，能够实现文本生成、对话问答等，为客户提供优质、精准的投顾服务。

同时，九方智能投顾数字人具备大盘分析、热点追踪等能力，能够满足客户的不同需求。对于金融小白，九方智能投顾数字人能够帮助其获取金融信息、深化对金融知识的理解；对于投资新手，九方智能投顾数字人能够通过金融数据获取和分析，帮助其解决投资中的疑点、难点；对于投资高手，九方智能投顾数字人能够提供投资策略生成、个股诊断等服务。

除了九方财富外，国海证券推出了智能投顾服务产品矩阵，为客户提供量化投顾、资讯投顾等多元化服务。其智能投顾产品具有全自动化、快速捕捉市场机会等特点，能够大幅提升投顾策略的开发效率。这为客户提供了便捷、高效的投顾服务。

智能投顾通过高度智能、个性化的投顾服务，为客户提供便捷高效的财富管理解决方案。随着技术的发展，智能投顾有望在未来进一步优化，为更多客户带来优质服务。

11.3.3 智能金融客服：贴心的客户金融助手

在客户服务方面，不少金融机构基于人工智能技术打造了智能金融客服。智能金融客服能够为客户提供贴心、完善的金融服务，优化客户体验。具体而言，智能金融客服给金融服务带来三方面优化。

1. 金融服务更加人性化

金融行业属于高端服务行业。金融机构只有满足客户的核心需求，为客户带来价值，才能吸引更多的客户选择自己的金融理财产品。

借助语音识别、视觉识别、大数据以及云计算等先进技术，智能金融客服的整体表现会更像一个"人"，而且比真正的客服人员更有礼貌，态度更和善。

在回答问题时，智能金融客服不会带有不良情绪，始终会以平稳的语调与客户沟通。同时，在视觉识别技术的支持下，它能够高效解读客户的面部表情。如果客户对智能金融客服的回答有疑虑，智能金融客服会转接人工客服，让他们给出更满意的解答。

2. 金融服务更加智能化

金融服务更加智能化主要体现在专家系统与深度学习技术的融合应用上。借助这些高科技，智能金融客服变得更加聪明。尤其是通过深度学习技术，智能金融客服能够自主学习，回答常见的金融问题。这能够有效提升金融客户的留存率和转化率。

3. 金融服务更加高效

大数据技术大幅提升智能金融客服的数据处理能力。在金融行业中，沉淀着海量的金融数据。这些数据内容庞杂，不仅有各种金融产品的交易数据信息，还有客户的基本信息、市场状况的评估信息、各种风控信息等。

金融服务人员想要提取到关键、有效的信息，就要耗费巨大的时间成本和更多的精力。而大数据技术的加持以及人工智能算法的应用，可以优化数据，帮助金融服务人员把有价值的金融数据提取出来，为客户提供优质的金融服务。这样能够从根本上提高金融服务的效率。

11.3.4　飞鱼社区：聚焦区块链重塑金融服务

在数字经济发展浪潮中，飞鱼社区以卓越的洞察力、领先的区块链技术能力和创新能力，成为"区块链＋金融服务"领域的典范。飞鱼社区是业内知名的综合金融服务商、数字资产专业管理团队，围绕区块链技术和数字资产管理为客户提供完善的金融服务。其金融服务覆盖以下几个方面：

（1）区块链教育。飞鱼社区提供专业的区块链操盘实操培训，帮助客户掌握区块链技术、数字资产管理等方面的知识，并指导客户进行区块链投资。

（2）投资交易服务。飞鱼社区提供独立的量化交易系统"鱼跃量化Apps"，支持 7×24 小时高频交易，帮助客户实现低买高卖。客户可以通过社区平台参与区块链项目投资、交易，享受专业的交易指导。

（3）资产管理服务。飞鱼社区基于先进的风险管理体系、完善的量化交易策略，为客户提供稳健的资产管理服务，助力客户资产保值增值。

基于领先的技术优势和长期布局，飞鱼社区创造了卓越的业务成果。在专利发明方面，飞鱼社区获得了数字资产交易产业服务、市场趋势分析系统等六项计算机软件著作登记证书，奠定了其在区块链领域的领先地位。这些系统基于对开仓逻辑、加仓时机、仓位占比等数十种参数的自动研判，使智能动态加仓、止盈止损成为现实，同时辅以 AI 进行趋势预测，以较低仓位实现较高的收益回撤比。

飞鱼社区以卓越的业绩，在区块链技术、数字资产管理等方面赢得广泛认可。从"区块链产业创新先锋奖"到"最具投资价值区块链品牌"，飞鱼社区获得的这些荣誉体现了业内对其的认可。在此基础上，飞鱼社区构建了包括飞鱼商学院、区块链研究院、资产管理委员会等在内的完善机构体系，为社区的持续发展提供坚实的支撑。

未来，飞鱼社区将持续加强技术探索，完善金融服务，服务更多的投资者及其他金融相关人士。

11.4 金融投资：数字经济时代的投资策略

数字经济时代，金融投资策略要以系统方法论为依托，以技术革新、市场需求变化等为导向，以实现资产的保值增值。投资者需要掌握完善的投资方法论，了解投资热点、投资策略等，通过持续学习提升实操水平。

11.4.1 掌握完善的投资系统方法论

在金融投资中，投资者需要掌握完善的投资系统方法论，以在复杂多变的金融市场中作出明智的投资决策。在完善自身投资系统方法论时，投资者需要考虑以下几个方面：

1. 明确投资目标与风险承受能力

投资者需要明确自己的投资目标是追求资本保值、稳健增长还是高收益。同时，投资者需要根据自身的财务状况、职业等因素，评估自身的风险承受能力。

2. 深入学习和理解市场

投资者需要持续学习市场知识，包括宏观经济环境、行业动态、政策变化等，进而更准确地判断市场趋势和投资机会。同时，投资者需要掌握技术分析和基本面分析的方法，以便从多个角度评估投资标的的价值和潜力。

3. 制定投资策略和计划

投资者需要根据自己的风险承受能力，制定合适的投资策略，合理配置资产。在投资计划方面，投资者需要明确投资品种、投资金额、投资期限等细节，制订灵活的投资计划。

4. 严格的风险管理和控制

投资者需要为每笔投资设置合理的止损点，以限制潜在亏损。止损点应根据市场波动、投资品种特性等因素确定。同时，投资者需要持续进行仓位管理，通过适时的仓位调整降低投资风险。

投资者需要经过长期的思考和实践，才能够在经验积累中构建出适合自己的投资系统方法论，并通过投资获得稳健收益。

领会投资哲学思想，能够帮助投资者在投资中获得成功。在投资哲学方面，飞鱼社区提出了"投资三观"，即观天下、观自我、观众生。

其中，观天下指的是具有世界格局观。投资者需要了解世界发展态势和发展规律，并顺应规律做投资决策。在当前的数字经济时代，数据成为核心生产要素。这催生了一系列新兴的经济形态，也使得数字资产投资成为一个重要投资趋势。

观自我指的是具有自我价值观。投资者需要明确自己的投资目标、投资路径等，并审视自己的投资能力。同时，投资者需要具备持续学习的能力，不断丰富理论知识，和业界高手探讨投资方法，并在持续的投资实践中积累投资经验。

观众生指的是具备市场人生观。投资者需要接纳自己的弱点，并理解他人。除了了解自己外，投资者还需要了解对手。高手过招，最终要比拼的并不是谁的优点更多，而是谁的缺点更致命。因此，投资者需要明确自己的对手是谁、对手有哪些特点等，并根据对手的动作作出合理的投资决策。

在建立投资系统方法论的过程中，飞鱼社区坚持一个公式：底层逻辑＋环境变量＝系统方法论。其中，底层逻辑就是事情的共同点，如成功投资行为背后需要遵守的投资规则、思维方式等。例如，投资者需要了解投资市场的基本原理、风险与收益的关系等。这有助于投资者在面对复杂的市场环境时，能够抓住问题的核心。

环境变量指的是影响事务发展的外部因素。这些外部因素可能随时发生变化，影响事务的发展轨迹。在投资领域，环境变量包括经济政策、行业趋势、市场情绪等。投资者需要密切关注环境变量的变化，及时调整投资策略。

将以上两方面相结合，就能够得出一套具有可操作性的行动指南，即投资的系统方法论。投资者需要在把握投资底层逻辑的基础上，充分考虑外部环境的变化，进而制定出科学的投资策略。同时，根据市场反馈和环境变化，投资者也需要对投资策略进行适当调整。

此外，投资者也需要了解，投资的精髓不在于预测，而在于动态跟踪，投资者需要以动态的眼光看待投资。在开仓方面，投资者需要把握科学的开仓原则：不顺势不开仓，非临界点不开仓，标准化控仓，开仓后动态监控，遵守离场计划。同时，当趋势来临时，投资者需要关注如何让利润奔跑。投资者不需要与大盘指数比较收益率，只需要和自己的潜在风险、总资金曲线去作比较，动态调整仓位。

趋势投资的核心不在于精确预测未来趋势的持续时间或价格波动的具体幅度，而在于当前货币价格及其所反映的市场形势正处于一个积极、有利的发展轨迹中。因此，投资者不需要对趋势的涨幅或跌幅作出过多解读，需要做的只是跟随。只要行情未变，就严格按照设定的离场点决定进退。

总之，在投资中投资者需要做到：尽人事即在不确定性中寻找某种确定性，以确定性指导投资，提高投资的成功率；而知天命指的是在明确客观规律的基础上，等待变量因子，把握成功的时机，实现最终的投资成功。

11.4.2　ETF 投资策略解析

当前，在金融投资领域，交易型开放式指数基金（exchange traded fund，ETF）规模不断增长，市场发展火热，受到了越来越多投资者的关注。ETF基金也被称为交易所交易基金，是一种基金份额可变的开放式基金。

1. ETF 基金的特点

（1）分散投资，降低风险。ETF 基金往往持有股票、债券等多种不同类型的资产，使投资者能够在一个基金中获得多样化的投资组合，从而降低投资风险。同时，ETF基金的投资对象为选定的指数中包含的成分证券，通过买入指数中全部或者部分成分股，实现资产的分散，进一步降低投资风险。

（2）交易灵活，流动性高。ETF基金能够在证券交易所上市交易，支持投资者随时进行交易，这提高了资金的流动性。一些ETF基金，如债券ETF、黄金ETF等，可以实现T+0交易，即当日买入当日即可卖出，提高了交易效率。

（3）信息公开，透明度高。ETF基金的投资组合通常每日公布，投资者能够了解基金所持有的资产及其权重。这提升了投资的透明度，有助于投资者作出明智的投资决策。

（4）种类繁多，调整灵活。ETF市场上有众多种类的基金可供选择，覆盖了不同的投资类别。投资者可以根据自己的需求选择适合自己的ETF基金。同时，投资者可以根据市场行情随时调整投资组合，以适应不同的投资需求和市场变化。

2. ETF投资策略

基于以上特点，ETF基金受到了诸多投资者的青睐。而要想获得更多收益，投资者还需要掌握不同的投资策略。具体而言，ETF投资策略主要有以下五种：

（1）买入持有策略。买入持有策略，即在买入ETF基金后长期持有ETF基金，在获得理想收益后再将ETF基金卖出。这一投资策略交易频率较低，投资后无须频繁管理，交易成本较低，适合长期投资者。

（2）定投策略。定投策略是一种机械定期投资的投资策略，通过定期、定额买入ETF基金分散风险。长期坚持这一策略可以摊薄市场波动的影响，并有机会获得更高的回报。这一策略适合有稳定现金流且希望长期投资的投资者。

（3）网格交易策略。网格交易策略是一种自动化的投资策略，通过设置买入与卖出规则来实施机械化的交易操作。在这种策略下，投资者在资产价格下跌时逐步分批购入，价格上涨时按步骤逐渐售出，以赚取交易差价。这一策略适合经验相对丰富、寻求稳定收益的投资者。当前，已经有一些券商推出了网格交易条件单功能，提供 ETF 选择与参数设置参考。投资者设置好参数后即可实现自动化的网格交易。

（4）"核心＋卫星"策略。"核心＋卫星"策略将投资组合分为核心资产、卫星资产两部分。核心资产能够产生稳健的收益，如宽基指数 ETF；卫星资产则旨在增强收益，如高波动行业 ETF。该策略能够帮助投资者在获取市场平均收益的同时，通过卫星资产追求更高的增长，适合希望平衡风险与收益的投资者。

（5）行业轮动策略。行业轮动策略即投资者根据市场走势和行业热点，在不同行业之间进行轮动投资，以获取更高的投资收益。这需要投资者对市场结构、行业趋势等有深刻的理解和准确的预判，适合投资经验丰富、对市场变化有准确预测能力的投资者。

投资者可以根据自己的投资偏好、投资目标等选择合适的 ETF 投资策略，并通过适时交易获得更多收益。

11.4.3 香港助力金融投资与金融服务

在数字经济蓬勃发展的浪潮下，香港凭借自身独特优势，在金融投资与金融服务领域发挥着重要作用，成为连接企业与全球金融市场的关键桥梁。同时，香港作为国际金融中心，积极拥抱科技创新，推动金融投资与金融服务转型升级，展现出强大的发展潜力。

香港拥有成熟且多元化的金融市场，为数字经济时代的金融投资提供了广阔舞台。其股票市场规模庞大、交易活跃，汇聚了来自全球各地的优秀企业。近年来，众多科技企业在港交所上市，吸引了大量国际资本的关注。这不仅带动了相关产业链企业在香港资本市场的发展，还为投资者提供了丰富的投资标的。同时，香港的债券市场也在不断创新，绿色债券、数字债券等新兴品种层出不穷。这不仅为绿色项目融资开辟了新途径，也推动了数字金融与可持续发展的融合，为投资者提供了兼具环保与收益潜力的投资选择。

在金融服务方面，香港凭借其高度开放的金融体系、完善的法律制度和专业的金融人才队伍，为企业提供全方位、一站式的服务。香港拥有诸多知名的银行、证券等金融机构，它们具备丰富的跨境业务经验和强大的金融服务能力，能够帮助企业拓展海外业务。许多金融科技企业在香港设立分支机构，利用香港的国际化平台和金融资源，优化产品设计、提升销售策略，成功开拓国际市场。

同时，香港积极推动金融科技发展，为数字经济时代的金融服务注入新活力。香港金融科技生态系统发展迅速，金融科技企业数量逐年递增，涵盖区块链、人工智能、大数据等多个领域。这些技术在金融服务中的广泛应用，大幅提升了服务效率和质量。例如，移动支付、互联网保险等创新应用的普及，提升了金融服务的可获得性和便利性。

此外，数字经济时代，客户需求日益多元化、个性化。香港金融机构利用大数据分析客户画像，提供定制化金融产品和服务，满足客户差异化需求。例如，一些银行推出了基于客户消费习惯和风险偏好的个性化理财方案，为客户提供更加精准的金融服务。

展望未来，香港将继续发挥自身优势，积极拥抱科技创新，推动金融投资与金融服务转型升级，巩固和提升国际金融中心地位，为全球经济发展贡献力量。

第 12 章

智慧医疗：催生医疗领域新景象

数字经济的发展及其在各领域的渗透，推动了诸多领域的变革与创新，医疗领域也不例外。数字技术与医疗的结合推动了医疗领域的智慧化发展，优化了医疗服务，使得人们能够便捷地享受多样化的医疗服务。同时，在技术与平台的支持下，医疗领域形成了更加开放、繁荣的生态圈。

12.1　智慧医疗带来的变革

智慧医疗的发展带来了多样的变革。智能化医疗设备的引入、智能化管理体系的搭建深化了医疗机构的智慧化发展。此外，医疗服务也实现了智能优化，为患者提供更优质、人性化的服务。

12.1.1　智能化医疗设备融入医疗

在智慧医疗发展的过程中，智能心电图机、数字减影血管造影机、仿生智能机械手等智能化设备在很多医疗场景落地，为医生诊疗提供了智慧化方案。

例如，融合了人工智能、物联网等技术的智能心电图机可以高效、精准地判断患者的病情，实现即时诊断，并将诊断情况上传至云端；数字减影血管造影机可以减少手术过程中的对比剂消耗量，减缓患者的痛苦，医生可以更迅速地完成手术；在医生的监控或操作下，仿生智能机械手可以根据既定的手术方案，安全、可靠地实施手术。

当前，很多医院都引进了智能医疗设备。例如，西安一家医院引进了IQQA.Guide智能手术导航机器人，以帮助医生进行穿刺活检、消融、放射性粒子植入等介入手术，让医生更快、更准、更稳地做手术，从而降低手术风险。

手术前，医生可以借助IQQA云平台对患者的病情进行评估和分析，精准定位病灶，了解病灶与周围血管、支气管段的空间关系，并据此制定更科学、更合理的手术方案。手术过程中，IQQA.Guide智能手术导航机器人可以实时追踪和显示穿刺针尖到病灶的路径、距离、角度等，帮助医生避开重要血管，防止患者出现术后感染、大面积出血等不良情况，更好地保护患者的生命安全。

整体来看，医疗设备智能化能够提高医疗服务的质量，改善就医体验。在多样的智能化医疗设备的帮助下，医生能够进行更加精确的诊断，更加高效地完成对患者的治疗，优化患者的就医体验。

12.1.2　医疗机构实现智能化管理

医疗机构实现智能化管理也是智慧医疗带来的变革之一。各种自动化、智能化系统在医疗机构中的应用推动了医疗机构的智能化管理。

一方面，自动化信息处理系统的应用有效提升了医疗机构的管理效率。患者病历、医嘱、检查结果等信息能够实现自动化处理，减少了人工干预，提高了管理效率。同时，医院仓库管理系统、医院考勤排班系统等实现了对药品库存、人员排班的精细化管理，实现了各种资源的合理配置。

　　另一方面，各种智慧就医系统为患者与医生提供了便利。在线问诊、预约挂号等系统简化了患者就医流程，为患者带来了更好的就医体验。同时，患者信息的系统化管理与共享使得医生可以通过系统快速获取患者信息，提升诊疗效率。

　　此外，诊疗中的各种智能系统为医生的精准诊疗、决策等提供了辅助。融入大数据、人工智能技术的智能诊断系统能够辅助医生进行疾病筛查、疾病诊断等，并给出治疗方案建议，提高诊疗水平。

　　当前，很多医院都打造了智能化的管理系统，实现了电子病历、药物等多方面的智能化管理。以武汉协和医院为例，其打造了多样化的智能管理系统。

　　（1）电子病历系统。该系统是医疗信息管理系统的核心，可以帮助医院创建、储存、维护、访问患者的电子病历，包括病史、诊疗记录、检查结果、手术记录等，从而进一步提升电子病历管理的效率和准确性。

　　（2）医疗影像管理系统。该系统允许医生轻松地访问和分享医疗影像资料，如X光、MRI（核磁共振成像）和CT扫描结果等。这促进了医疗团队之间的协作，并加速了诊断过程，优化了患者的就医体验。

　　（3）药物管理系统。该系统涉及药物采购、库存管理、处方调配、药物发放等多个环节，确保药物供应的安全性和高效性。

　　（4）检验信息系统。通过检验信息系统，实验室检验流程的自动化程度更高，包括样本收集、处理、分析的自动化，以及报告生成的自动化，有利于提高检验的效率和准确性。

　　（5）临床决策支持系统。该系统可以为医生提供基于数据的医疗决策支持，帮助医生在诊疗过程中作出更精确、更合理的决策。

　　（6）预约和排队系统。该系统为患者提供了在线预约服务，极大地缩短了患者的等待时间，并优化了医院的资源分配情况。

（7）财务管理和报告系统。该系统支持医疗费用计算、账单生成、支付处理等，能够生成各种运营和财务报告，帮助医院管理层进行决策。

总之，智能化系统能够通过信息系统化管理、辅助医疗决策等，推动医疗机构实现智能化管理。随着技术的发展，这些智能化系统将在医疗机构中发挥更大作用，驱动医疗管理的进一步优化。

12.1.3 医疗服务优化，改善就医体验

基于各种智能化的医疗服务系统和平台，医疗服务也实现了智能优化，从多方面提升了患者的就医体验。

例如，基于对先进技术的探索和创新，温州医科大学附属第一医院实现了服务流程优化。

在就诊环节，该医院借助人工智能、大数据等技术，打造了智能预就诊系统。通过对话式预问诊，该系统能够根据患者给出的症状信息为其匹配相应的科室与医生，帮助患者完成预约。同时，该系统还能够自动生成病历，帮助医生了解患者信息。此外，借助人脸识别技术，该系统简化了挂号、缴费、取药等环节，缩短了患者的就医时间。

在辅助诊疗方面，该医院引入了基于人工智能的临床辅助决策支持系统。该系统能够基于知识库和疾病诊断知识，给出分析结果和治疗建议，辅助医生决策。这提高了诊断的准确性和治疗方案的精准性。

此外，温州医科大学附属第一医院也积极探索大模型技术，致力于构建智慧医院系统。当前，该医院已经与京东健康达成了合作，双方集合优势资源，借助医疗大模型、大数据、云计算等技术，共同进行医院智慧服务的顶层设计，并推进方案实施。基于这些探索，双方打造创新的医院服务模式，改善患者就医体验，助推医疗体系的高质量发展。

除了医疗机构积极探索外，一些科技公司也推出了赋能医疗服务的解

决方案。例如，商汤科技发布了大模型"大医"。该大模型覆盖智慧患者服务、智慧临床等领域，以及智能自诊、用药咨询等医疗场景。

在医疗咨询方面，大医提供体检咨询、健康问答等咨询服务，能够与用户进行多轮对话，了解用户的问题并给出专业的建议。在提供专业解答的同时，大医也会告诉用户咨询建议不能代替医生意见，并提醒用户听从医生指导。

对于患者的就诊需求，大医提供智能导诊、预问诊等服务。在诊疗过程中，大医能够实时记录、整理医患问诊对话内容，并将总结的病历信息上传到电子病历系统，提高诊疗效率。在诊疗完成后，大医能够为患者提供用药指导、制订随访计划等，为医院完善医疗服务提供助力。

当前，大医已面向医疗健康产业链相关机构开放服务，并在一些医院实现落地应用。未来，商汤科技将持续加深与医疗机构、相关企业的合作，进一步释放大模型在医疗领域的应用潜力。

总之，随着医疗服务的持续优化，从诊前到诊后的全流程智能服务将成为现实。这将大幅提升患者的就医体验。

12.2　医疗领域智慧化发展

在智慧医疗深入发展的过程中，互联网医疗平台、精准医疗、健康管理等都实现了智慧化发展。这些细分领域的智慧化发展又进一步提升了整个医疗领域的智慧化水平。

12.2.1　创新医疗模式，互联网医疗平台兴起

借着数字技术的东风，互联网医疗平台纷纷涌现，医疗服务打破了时间和空间的限制。借助互联网医疗平台，用户足不出户就能享受各种医疗服务。

作为医疗体系的重要组成部分，互联网医疗平台能够广泛连接更多用户，以在线问诊的方式为用户提供便利。当前，不少企业都推出了在线问诊服务，满足用户的看病需求。

例如，在线医疗健康服务提供商春雨医生推出了基于人工智能的在线问诊应用"春雨慧问"。春雨慧问拥有春雨平台数十万执业医师的问诊经验，能够自然地与用户沟通，根据用户的描述、病史等了解病情，依据丰富的专业知识和病情数据为用户提供个性化的治疗建议。在整个咨询过程中，医生只需要审核最终的建议结果，大幅提升了在线健康咨询的效率。

春雨医生以 7×24 小时全天候在线问诊服务、快速响应等优势著称，春雨慧问产品的推出，进一步提升了春雨医生的服务能力。用户可以打开手机随时提问、实时与春雨慧问互动。在提升交互体验的同时，春雨慧问还能够根据用户的咨询，给出详尽、系统化的回答。此外，春雨慧问还具有很多人性化功能，如追问用户的身体状况、对用户进行安抚、推荐医院或医生、给出饮食建议等。

未来，随着数字技术的进一步发展与应用，互联网医疗平台将变得更加智能，满足用户的更多需求。

12.2.2　医疗科技创新，助力精准医疗

不同患者的身体情况、病情发展情况等各有不同，因此实现个性化的精准医疗十分必要。借助先进的数字技术，医疗数据的价值能够被充分挖掘，为精准医疗提供丰富的数据支持。

当前，一些企业凭借人工智能技术，已经在精准医疗方面取得了不错的成绩。沃森健康公司旗下的沃森基因解决方案 Watson for Genomics，可以为精准医疗助力。Watson for Genomics 可以使肿瘤医生更迅速地洞察患者的基因问题，帮助肿瘤医生制定更有效的解决方案，从而使精准医疗更广泛地落地。

在肿瘤研究领域，发现基因突变时，医生可以通过将基因突变的数据和已有的分子靶向治疗方案相匹配的方法得到精准治疗的方案。利用人工手段对患者的基因数据进行解读，往往需要耗费大量时间，而在 AI 的助力下，这一过程只需几分钟。

Watson for Genomics 的功能主要有三个，如图 12.1 所示。

图 12.1　Watson for Genomics 的功能

（1）整理基因数据。Watson for Genomics 每个月都会产生海量的科学论文数据和临床数据，但只需短短几分钟就可将这些数据进行系统化的整理，并对其中的每一个基因组变异提供注释。这是常规人工手段无法实现的。

（2）检测潜在癌症风险。Watson for Genomics 读取患者的基因组数据后，可以快速将这些数据和临床等研究领域的数据库进行比对，检测和患者匹配的肿瘤基因突变的可能性，并生成匹配的癌症预防方案。

（3）为医生提供分析工具。通过上传的患者肿瘤活检测序结果，Watson for Genomics 可以分析患者的基因组数据，找出与病情变化相关的基因变化。针对这些基因变化，Watson for Genomics 会提供更加精准的治疗方案，为医生的分析决策提供依据。

Watson for Genomics 以 AI 技术为核心，从基因突变角度出发，通过分析得出精准有效的治疗方案。未来，随着 AI 技术的发展，其能够对基因数据、患者病情等进行更加深入的分析，进一步提高精准医疗的效率。

12.3　生态圈共建，医疗领域合作加深

医疗领域各医疗机构、科技企业的合作将催生多样化的智慧医疗解决方案，有助于建立完善的智慧医疗生态，推动智慧医疗的发展。数据共享、平台建设、企业合作等都加速了医疗生态圈的建设与发展。

12.3.1　医疗数据互联，实现跨医院数据共享

医疗数据具有巨大价值。长期以来，医疗机构间的数据孤岛阻碍了医疗数据的挖掘与使用。随着医疗数据库的建立及不断完善，医疗机构间的数据互联成为现实，促进了医疗生态的形成与发展。

医疗数据库中的医疗数据主要涵盖两个方面：一方面是各医院、各医生资源、经验的集合，这部分的医疗数据主要面向医院和医生；另一方面是患者电子病历的集合以及不同病患的经验分享，患者可以从中得到丰富的经验和知识。

医疗数据库的建立为医生的工作提供了便利。借助医疗数据库，医生可以获取患者当前的健康状况与历史诊疗记录，通过分析以往案例、临床数据等，为患者制定个性化的治疗方案。

医疗数据库中的大量医疗数据、临床结果等，也为医院的研发提供了丰富的数据资源。医院的研发人员可以在数据库中进行大规模的数据对比与分析，挖掘数据规律，产生新的研发结果。

医疗数据库的建立也为患者提供了诸多方便。一方面，患者可以通过在线访问医疗数据库中的电子病历，了解就医流程与治疗方案；另一方面，患者可以根据医嘱和其他患者分享的经验来增加对病情的认知，纠正误解，从而更加积极地配合治疗。

此外，患者的患病经历也是十分有价值的，但是一直以来，患者的患病经历很少被开发，通常只由医生进行总结。而医疗数据库的建立，为患者经验分享与交流搭建了平台，使得相似病情的患者能够相互分享用药、治疗经验。

12.3.2 医疗开放平台构建智慧医疗生态

医疗开放平台在构建智慧医疗生态中扮演着重要角色。借助大数据、人工智能等技术，医疗开放平台能够为医疗机构、医疗相关企业、患者等提供便捷、多元化的服务。在构建智慧医疗生态方面，医疗开放平台能够提供多方面的助力，如图 12.2 所示。

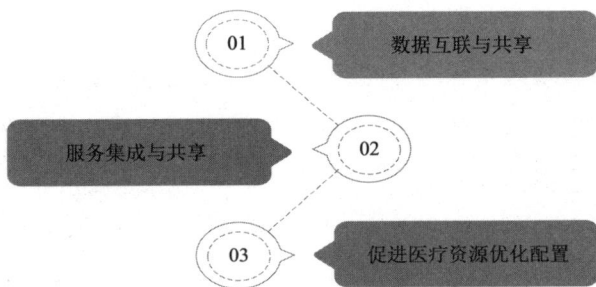

图 12.2 医疗开放平台对智慧医疗的助力

（1）数据互联与共享。医疗开放平台支持医疗机构将各种医疗数据，如病历、检查结果、用药记录等以标准化格式接入到统一的数据中心，实现数据的互联与共享。这有助于打破信息孤岛，提高医疗数据利用效率。同时，医疗数据统一的标准化定义和接入管理，能够保证数据的准确性和一致性，为后续的数据分析和应用奠定基础。

（2）服务集成与共享。医疗开放平台将各种医疗服务，如在线问诊、远程医疗、药品配送等集成到一个平台上，为患者提供一站式医疗服务。这拓展了医疗服务的覆盖范围，降低了患者的就医成本。同时，平台通过软件即服务（software as a service，SaaS）模式实现服务共享，使各医疗机构能够轻松接入和使用各类服务，有助于提升医疗服务的整体水平。

（3）促进医疗资源优化配置。通过大数据分析，医疗开放平台能够帮助医疗机构优化资源配置，提升服务质量。例如，平台能够分析患者的就医需求和医疗资源的分布情况，为医疗机构提供科学的资源配置建议。对于多中心的医疗机构，平台能够实现各中心之间的数据共享和服务协同。这能够促进医疗资源的均衡分布，提升医疗服务水平。

通过以上三个方面，医疗开放平台为构建智慧医疗生态提供了有力支持。在实践探索方面，京东健康推出了医疗健康开放生态平台"京医星脉"。京医星脉集成了各种医疗数据、医疗资源和医疗服务，为医疗机构、医疗企业等提供技术与服务支持。

具体而言，京医星脉能够为医疗机构提供云影像，以及临床科研、智能随访等方面的工具，助力医疗服务智能化发展。医生可以借助平台的随访功能，为患者提供定期复查、提醒用药等服务；借助平台的智能审方系统提高审方效率。在企业服务方面，京医星脉为企业提供云诊室、健康数据分析等服务，帮助企业提升员工健康管理水平。

基于京医星脉，京东健康与生态合作伙伴建立了京医星脉生态联盟。未来，京东健康将不断加强与生态合作伙伴的合作，探索覆盖更多场景的医疗健康解决方案。

12.3.3　华为 × 医渡科技：企业联合助力智慧医疗

2023 年 12 月，华为与医渡科技达成合作。双方聚焦医疗领域，基于华为在算力、软硬件等方面的优势，以及医渡科技在智慧医疗方面的技术、实践经验等，开展技术研发、市场拓展等方面的战略生态合作。

双方合作发布了三大场景解决方案，助力智慧医疗发展。

在医疗大模型场景，双方构建了聚焦医疗领域的大模型训推一体机解决方案。该解决方案能够应用于医院管理、临床研究、健康服务等场景，提供科学决策支持。

在智慧医院场景，双方携手打造了医院一体化数据中台，为医院的数据治理与分析助力。该数据中台能够实现医院数据的集成与治理，将科研成果、医疗经验等数据集成到平台上，并实现数据向医院工作人员的传递。

在健康城市场景，针对价值数据离散、数据质量参差不齐等问题，双方建设了健康城市医疗大数据平台。该平台通过打通各环节数据、建立统一数据标准，推动医疗数据的共享与使用，为医疗机构、医疗企业提供医疗数据服务。

双方的合作有力地驱动了智慧医疗的发展。通过技术融合与创新，双方积极推动医疗大模型、医疗平台的创新与应用，推进医疗领域的智能化升级。除了技术探索与医疗解决方案联合开发外，双方还推进市场探索、行业共建等方面的生态合作，有助于形成更加完善的智慧医疗生态体系。

后　记

飞鱼恋曲

代码跳跃，

那是飞鱼在数字的海洋里，

自由舞动，

自在游弋。

我的眼中倒映着星辰，

心中深藏着无边的蓝。

数字交织，

那是飞龙在区块的天链上，

行云流水，

风驰电掣。

我的眼中映射着大海，

心中深藏着无际的蓝。

游过岁月悠久的河，

鱼跃龙门腾九天，

留下区块链的痕迹。

就在这风起云涌的瞬间，

就在那世间最大的际遇里，

让我遇见未来的你——

眼中有星辰大海，

心中有大道无形……

静海飞鱼

2025 年 3 月